나의 발레 일지

나의 발레 일지

취미 발레 6년 차, 다리 찢기 아직 안 돼요

이지현 지음

Book Around

프롤로그

앞날이 궁금할 때면 이따금 사주를 보러 갔다. 족히 스무 번은 넘게 봤을 거다. 저도 취업할 수 있을까요? 남자 친구는 언제 생기나요? 회사 그만둬도 될까요? 인생이 대체 언제쯤 잘 풀릴까요? 생전 처음 본 사람에게 내 미래를 점쳐 달라며 다소곳이 앉아 귀를 쫑긋하는 건 아무래도 좀 웃기다. 심지어 돈까지 갖다 바치면서 말이다. 더 웃긴 건 매번 진지하게 경청했다는 사실이다. "용하다 용해" 어떤 날은 너무 잘 맞추더라며 신기한 마음이었고, "다 틀리는데?" 실망하며 돌아선 날도 있었다. 그런데 '용함'의 정도와 상관없이 그 많던 역술인들이 공통으로 빼먹지 않고 해주던 말이 있다.

"넌 끈기가 없어!"
뭐하나 진득하게 하지 못하고 금세 그만두는 사주랬다. 직장도 한 곳을 오래 못 다니고 한 우물을 못 파는 사주를 타고났다고 했다. 그 와중에 하고 싶은 건 많아서 끝을 맺지 못하고 일을 벌여놓기만 한다나 뭐라나.
"어머, 어쩜 딱 저예요!!"
꽤 맞다고 생각한다. 무턱대고 사주풀이를 신뢰해서

그러는 건 아니고, 살아온 세월을 거슬러 돌이켜 보면 그냥 쉽게 알 수 있는 사실이다. 나는 변덕이 심하고 끈질기게 하나에 몰두한 적이 거의 없었다. 싫증을 잘 내고 힘들면 쉽게 쉽게 포기하며 살아왔다. 이를테면, 기타를 멋지게 치고 싶어져 학원에 갔다가 손가락이 아파서 미련 없이 그만두는 식으로 말이다.

당장 오늘만 해도 미리 예매해 둔 영화표를 피곤하다는 이유로 과감하게 취소했다. 예쁘다고 산 옷도 한 계절만 입으면 금세 질려서 새 옷을 찾는다. 내가 빠르게 포기하고 그만둔 경험은 정말이지 숱하게 많았다.

발레를 시작한 지는 꼬박 5년이 되었고 햇수로는 6년 차다. 나는 사주팔자를 거스르면서까지 꾸준히 발레를 배우고 있다. 내 인생에 이런 역사가 없었기에, 스스로도 놀랍고 신기할 때가 많다. 내가 무언가를 꾸준히, 그것도 5년이나, 여전히 즐기면서 하고 있다니.

엊그제 수업에서 시범을 보이는 선생님을 넋 놓고 바라보다 문득 그런 생각이 스쳤다. 이토록 아름답고 즐거운 취미가 발레 말고 또 있을까. 어쩌면 평생 발레를 사랑할지도 모르겠다고 말이다.

좋아하는 대상을 좋아한다고 표현하는 방법은 다양하다. 각자 본인이 원하는 방식과 자신 있는 영역이 따로 있을 것이다. 나는 글로 표현하는 사람이 아닐까 싶다. 발레를 배운 날에는 집에 오면 꼬박꼬박 일지를 썼다. 배웠던 동작을 상기하며 노트에 개념 정리를 하고, 선생님이 지적해 준 내용을 오답 노트 쓰듯 열심히 기록했다. 어떤 날은 그냥 단순한 일기처럼 내 기분을 늘어놓기도 했다. 발레로 인생을 물들이며 느꼈던 마음들을 잊지 않고 싶어서였다. 선생님과 우리 학원 수강생의 얼굴을 떠올리며 쓰는 날이 많았다.

그렇기에 이 책은 사랑의 기록이다. 동시에 당신에게는 어떤 사랑이 있냐고 묻는 질문의 기록이다. 나의 질문이 당신만의 사랑을 떠올리게 하면 좋겠다.

일러두기

방송, 음악, 영화 등은 〈 〉로 표기하였습니다. 외래어는 외래어 표기법에 따라 표기하였지만 일부 명사는 소리 나는 대로 표기하였습니다.
또, 이 책의 일부 표기와 맞춤법은 입말을 그대로 살려 실었습니다.

목차

1부

프롤로그 -4

발레 못해도 예쁜 옷은 입을 수 있잖아요? -14

선생님, 그래서...어디까지가
발레인가요? 아직 더 남았나요? -20

발레 수업을 째고 나서 하는 생각 -28

뭐 이렇게 열심히 하는 사람들 투성이야? -38

수치심과 자신감은 한 세트 -46

아까 배운 그 점프, 이름 뭐였지? -54

안 힘들면 무조건 틀렸다 -64

내가 그럴 줄은 몰랐어 -72

2부

못하는 걸 못 하는 선생님의 쁠리에 -80

발레는 운동이라기 보다는 -86

0.1초로 갈리는 발레 운명 -92

발레 학원 가는 길 -100

할 수 있는 건 지금 바로 -106

취미는 발레랍니다 -112

결석할 때 남기는 말들 -120

최저가 비교는 괜찮지만 -128

발레할 때는 귀여워지는 나 -138

'발레 바'는 같이 좀 옮깁시다? -144

3부

다들 닉네임 어떻게 지으신건가요? -152

"순서를 틀리다니, 자괴감이 드네요!" -160

당신이 오지 않는 날엔... -168

끝이 있어서 할 만한 것들 -174

쁠리에가 끝났나요? 그럼 한 번 더! -180

얼마나 다행이야! -186

힘은 얼마나 빼야 적당한가요? -192

이러려고 갖는 게 취미잖아요? 맞죠? -196

배가 나온 날은 동작이 더 안 돼요 -202

비가 퍼붓는 날에도 발레를 가는 마음 -208

1부

발레 못해도
예쁜 옷은 입을 수
있잖아요?

발레복의 범위는 꽤 넓다. 기본 착장으로 레오타드, 스타킹, 천슈즈가 있고 이외에도 스커트, 워머, 땀복 등이 있다. 레오타드와 스커트만 해도 디자인과 소재에 따라 종류는 천차만별이다. 운동 중에 다치지 않도록 몸을 데워 주는 워머의 종류도 다양하다. 용도에 따라 상의용, 하의용으로 나뉘는데, 발을 따뜻하게 해주는 웜업부츠가 따로 있을 정도로 세분되어 있다. 상의용에도 볼레로 형식으로 팔만 감싸는 워머가 있고 몸통을 다 가려 주는 티셔츠 워머가 있다.

발레복이 얼마나 예쁘고 다양한지를 전부 설명하려면 하루가 모자란다. 이 말은 발레 동작이 끝을 모르게 변주할 수 있는 것처럼 복장으로도 그게 가능하다는 뜻이다. 각종 아이템을 이리저리 조합하면 무한으로 스타일을 뽐낼 수 있다.

역시 취미 발레는 예쁜 옷 입는 재미가 반 이상이다. 발레복 입는 즐거움으로 발레를 한다지만, 나라고 처음부터 그랬던 건 아니다. 화려한 옷을 취향껏 골라 놓고 망설이기 일쑤였다. 별다른 이유는 없었다. 그냥 창피하고 또 부끄러워서다. 한겨울에는 고이 모셔 간 핑크

색 부츠를 가방에서 꺼내 보지도 못한 채, 들고 갔던 상태 고대로 집으로 다시 가져오기도 했다.

큼지막한 웜업부츠는 왠지 발레리나만 신어야 할 거 같은 비주얼을 하고 있는데, 그래서 도통 용기가 나지 않았던 것이다. 차마 그 부츠를 꺼내서 착착 신고 무용실로 당당하게 입장할 수가 없었다. 나는 발레리나가 너무나 아니니까.

반짝반짝 빛나는 발레복도 몇 달이나 옷장에 처박아두곤 했었다. 역시나 비슷한 이유로, 눈에 튀는 옷을 자신 있게 입자니 왠지 쑥스러웠기 때문이다. 한없이 부끄럽고 창피했던 이유는 딱 하나다. 실력에 맞지 않는 복장이라고 생각해서다. 잘하지도 못하면서 의상만 화려한 건 왠지 잘못을 저지르는 것 같았다.

쓰려고 산 물건을 왜 못 쓰는가. 평상복으로 입지도 못할 발레 전용 복장이 아닌가. 발레복을 발레할 때 못 입는다면 결국 쓰레기를 산 거나 다름없다. 내가 봐도 바보 같아서 이해하기 어렵지만 나는 원래가 그런 사람이다. 부츠를 도로 집에 가져왔던 날도 어이가 없어 한

숨이 나왔다. 그깟 부츠가 뭐라고 학원까지 들고 갔으면서 못 신고 다시 가져왔담. 미련하기도 하지.

때마침 시끄럽게 울리는 단체 채팅방에 나의 한탄을 늘어놓았다. 친구들은 대수롭지 않게 말했다. 뭐 어떠냐, 취미가 다 그런 거지, 못할수록 장비빨이니 입어라, 나도 요가복 색깔별로 샀다 등등. 잔뜩 용기를 불어넣어 주던 친구가 대뜸 물었다.

"나는 운동하러 가면 다른 사람 뭐 입었는지 보이지도 않던데. 너도 그렇지 않아? 저 사람은 실력에 안 맞게 옷만 화려하다고 생각한 적 없을 거 아냐."

그럴 땐 역지사지를 해 보라면서 네가 남한테 관심 없듯이 다른 사람도 그럴 거라 말했다. 그러니 창피해하지 말고 마음껏 입으라며 자신감을 채워 주었다.

으응, 그럼. 당연히 나도 그런 적 없지. 남이 뭘 입든 내가 무슨 상관이야. 그렇게 답해 놓고 나니 무언가 찜찜하다. 가만있어 보자. 내가 정말 그런 적이 없었나? 가슴에 손을 얹고 생각해 보자. 안타깝게도 나는 그런 생각을 한 적이 분명히 있었다. 한 번도 없었다는 건 새까만 거짓말이었다.

그날 부츠를 신지 못하도록 나를 가로막은 건 결코 타인의 시선이 아니었다. 착각이었다. 다른 누구도 아닌 나에게 가로막혔던 거다. 남을 꼬아서 보는 나의 시각이 문제의 발단이었다.

꼬인 마음을 풀고 싶었다. 눈치 보느라 몇 달째 모셔만 두던 옷을 꺼내고 귀여운 웜업부츠도 가방에 다시 넣었다. 실력이 따라주지 않으면 뭐 어때서. 그냥 입자. 반짝이가 붙어 있는 스커트와 큼지막한 웜업부츠는 새삼 너무나 예뻤다. 나는 그날 처음 만난 수강생에게 백조 같다는 칭찬을 들었다.

"옷이 너무 예뻐요. 꼭 백조 같아요."

이렇게 엉망으로 춤을 추는 백조도 있던가요. 갑작스러운 백조 공격에 잠시 어리둥절했지만 정신을 차리고 보니 그녀의 극찬에는 대단한 구석이 있었다. 꼬인 마음 하나 없이 상대를 사랑으로 바라볼 줄 아는 사람의 말이었다.

나도 난생처음 보는 사람을 향해 칭찬을 말하는 사람이 되고 싶었다. 저렇게 못 하는 데 옷만 보면 발레리나인 줄 알겠네. 이렇게 꼬인 마음 대신 "옷이 너무 아름다워요."라 말할 수 있다면. 구겨지고 엉켜버린 마음을 빳빳하게 펴고 싶었다.

그런 멋진 사람이 되고 싶다는 마음가짐, 그것만으로도 벌써 달라진 것 같다. 세상을 바라보는 방식이 내 삶에도 고스란히 반영된다는 걸 알기 때문이다. 낯선 이를 보고도 칭찬을 쏟아 낼 수 있는 힘. 그런 힘은 나와 타인을 연결 짓는 데서 끝나지 않는다. 어쩌면 내가 나를 사랑하는 데 있어서 더욱 중요할 것이다. 언제 어디서나 긍정을 먼저 찾아내는 힘은 타인을 보살피는 만큼 나를 잘 보살펴줄지 모른다.

나는 이왕이면 그런 사람으로 생을 살아가고 싶다.

선생님, 그래서...
어디까지가 발레인가요?
아직 더 남았나요?

배우 윤여정은 아직도 연기가 어렵다고 했다. 연기라는 건 끝이 없어서 항상 새롭게 도전하는 거라고 말했다. 그의 인터뷰를 보니 아닌 척 겸손을 떠는 것 같지는 않았다. 여전히 쉽지 않다는 게 진심에 가까워 보였다. 발연기를 구사하는 배우도 아니고 매번 훌륭한 연기를 척척 해내는데도 그럴 수가 있나 보다. 거기다 그는 1~2년 차도 아니고 50년이 넘는 경력을 자랑하는 배우다. 감히 넘볼 수 없는 전문가의 50년도 그럴진대 취미생활 6년 차인 내가 발레를 잘 안다고 할 수 있을까. 그렇다고 하면 그건 그 자체로 오만일 것이다.

그리고 나는 실제로 잘 알지 못하는 게 사실이다. 배우면 배울수록 잘 모르겠다. 오히려 2개월 차 때 자신 있게 말했었다.

"내 발등이 말이야, 무려 발레리나의 발등이래", "아무래도 나는 발레 체질인가 봐"

지금에 와서 그때의 발언을 떠올리면 얼굴이 확 붉어지면서 어디에라도 숨고 싶다. 아무도 모르게 후다닥 달려가서 전부 곱게 주워 오고 싶은 말들이다. 한 번 뱉어 버리면 되돌릴 수 없는 게 말인 만큼 역시 입은 함부로 놀리지 않는 게 좋다. 시간이 한참 흐른 뒤에도 얼굴을 빨갛게 만들 수 있으니 말이다. 하면 할수록 미처 몰랐던 새로운 세계를 만나곤 한다.

 마스크를 처음 벗었던 날도 새로운 걸 하나 배웠다. 발레의 시작이 코로나 팬데믹 시기와 맞물려 2년 넘게 줄곧 마스크를 착용하고 발레 학원을 갔었다. 손꼽아 기다렸던 마스크 해제령이 발표된 후에도 발레 학원에서만큼은 당당하게 벗지를 못했다. 일상에서는 가차 없이 던져 버리고 한껏 자유를 누렸음에도 불구하고.
 처음부터 얼굴을 반쯤 가린 채로 마주했던 이들을 방어막 없이 대면하자니 괜히 멋쩍었다. 그저 얼굴을 드러낼 뿐인데 꼭 나체로 거리를 활보하는 것처럼 부끄러웠기 때문이다. 눈치 게임을 시작한 사람처럼 괜히 다른 수강생은 언제쯤 맨얼굴을 드러낼지 상황을 살피고 있었다.
 적당한 시점을 기다리며 꿋꿋하게 버티다 보니 어느덧 계절은 무더운 여름으로 바뀌었다. 이대로 가다가 평생 학원에서는 얼굴을 내보일 수 없을 것 같아 큰 결심을 하고 마스크를 벗은 채로 학원 문을 열었다. 두근 두근. 복면가왕을 쓰고 노래하다가 뒤돌아서 벗고 짜잔 얼굴을 공개하는 가수의 기분이 이럴까. 괜히 선생님을 똑바로 보는 것도 망설여졌다.

부끄러움은 금세 놀라움으로 바뀌었다. 난생처음 얼굴을 드러내고 발레하는 내 모습을 보았기 때문이다. 힘든 동작을 해낼 때마다 이를 악물고 참아 내는 표정이 굉장히 아름답지 못해서였다.

"여러분 마스크 벗으니까 이런 표정이구나."

선생님은 살짝 웃으며 말했다. 힘들어 죽을 것 같아도 표정에 신경 쓰라고 소리쳤다. 부끄럽다고 자꾸 입술을 오므리지도 말랬다. 언제나 고개를 당당히 들고 표정만큼은 무대 위 발레리나처럼 예쁘게 지으라고 호통을 쳤다.

"알겠어요? 표정까지가 발레야!! 명심해!!"

어머 선생님, 그런가요? 저는 여태껏 몸만 열심히 쓰면 되는 건 줄 알았는데, 그게 아니었나요? 힘들어도 들키지 않도록 여유 넘치는 표정이 있어야 발레가 완성되는 것이었다. 가만보니 무대 위에서 힘든 티가 표정에 묻어나는 무용수는 본 적이 없다.

그걸 배운 후로 발레 수업이 한층 힘들어졌다. 숨이 차고 괴로워도 마스크 뒤로 숨으면 그만이었는데 더는 그럴 수 없었기 때문이다. 안 그래도 어려웠는데 더 어려워졌다.

다른 날에는 또 새로운 발레를 배워 왔다. 발레 바를 치우고 센터 수업을 준비하면서 모두가 우왕좌왕하기 시작했다. 12명의 인원이 착착 짜 맞춘 듯 한 번에 줄을 서는 게 쉽지는 않다. 쪼르르 달려 나와 적당한 간격을 두고 앞뒤로 나란히 자리를 잡았지만 엉켜 버린 것이다. 유난히 엉성하게 서 있는 우리를 보며 선생님은 말했다.

"지금 몇 년째 하는데 줄도 제대로 못 서!! 빨리 똑바로 서요!! 줄 서는 것도 발레야!"

어머 선생님, 그런가요? 표정을 예쁘게 짓는 걸로 모자라 무려 줄 서는 것도요? 게임에서 퀘스트를 깨는 것처럼 계속해서 새로운 것이 등장하는 게 발레인가요. 조금 알겠다 싶으면 여지없이 새로운 걸 배우고 익히는 중이다. 따지고 보면 분야를 막론하고 그럴 것이다. 하나의 영역을 완벽하게 통달하기란 불가능에 가깝다.

배우면 배울수록 끝이 없는 게 학문인 것처럼 어느 분야든 '끝'이라는 건 없다. 마치 그걸 증명이라도 하듯 때마침 선생님은 시선을 강조했다. 아무런 미동 없이 그저 가만히 서서 음악을 기다리는 우리에게 야단을 쳤다. 도대체 어디를 쳐다보고 있냐고 지적했다. 발레는 동작을 시작하기 전부터가 시작이라면서 아무 데나 시선을 두어서는 안 된다고 했다.

"알겠어요? 시선도 발레라고!! 예쁘게 저 먼 곳을 쳐다보세요."

그런 말이 있다. 요리는 장을 보고 재료를 손질하고 그릇에 담아내는 것에서 그치지 않는다. 설거지와 깔끔한 마무리까지가 요리다. 운전도 매한가지다. 도로를 주행하는 것에서 그치지 않는다. 주차와 끼어들기까지가 운전이다. 앞으로 쭉쭉 직진만 해서는 운전을 한다고 말할 수 없다. 그건 발레에서도 크게 다르지 않다. 동작 몇 가지를 배우고 대충 따라 한다고 해서 그것이 발레의 완성은 아니다.

어디까지가 발레일지 가늠해 보지만 나로서는 아직 알 수가 없다. 전부를 배우는 게 현실적으로 가능하기나 할까. 그저 늘 그랬듯이 관성처럼 수업에 가다 보면 어느 날 선생님이 말할 것이다.

"여러부우운!!! 명심해!! ㅇㅇ까지가 발레야!!"

새로운 ㅇㅇ이 무엇인지는 아직 모르는 채로, 아직 무언가 더 남아 있다는 것만 아는 채로 다시 수업에 갈 뿐이다.

발레 수업을
째고 나서 하는 생각

발레 수업은 8시에 시작한다. 지금이 6시니까 앞으로 두 시간이 남았다. 갈까 말까 고민하다 보니 어느새 7시가 훌쩍 넘어 버렸다. 이제는 결단을 내려야 할 때. 유난히 가기 싫어 죽겠는 날, 그대로 침대에 누워 '아우 모르겠당~' 웃으면서 잠이 들었다. 그렇게 만족도가 높은 결석이었는데도 자고 일어나면 괜히 울적했다. 누가 가지 말래? 선택은 내가 했으니 감당도 내 몫이다. 그냥 갈 걸 그랬다며 후회하고 나에게 실망한 기분은 다음 날까지 나를 잡아먹었다.

참으로 희한하고 생소한 일이었다. 나라는 사람은 결석 따위로 그렇게 슬퍼지는 인간이 아니기 때문이다. 오히려 등록한 학원을 밥 먹듯이 빠지고 해야 할 일은 미루고 미루다가 막바지에 해치우면서 다음에도 또 그러고 마는 인간이었다. 그게 나라는 사람의 실체였다. 에라 모르겠다. 확 제쳐버리고 쿨쿨 잠을 자고 일어나면 오히려 개운하다고 만족하는 게 나다.

대학생 때는 야심 차게 등록한 영어 학원을 첫날부터 제멋대로 빠졌었다. 그래 놓고도 나를 한 번 더 믿고 굳은 결심과 함께 다시 학원 수업을 등록했다. 역시나 몇 번 출석하고 나서는 자꾸 빠지는 나로 금세 돌아왔다. 어떤 학원도 출석 일수를 꽉 채운 적이 없었다. 나의 꾸준함은 그런 식의 꾸준함이었다. 끊임없이 실패하는 꾸준함 말이다. 한결같은 나를 보고 동생은 '기부 천사'라는 별명을 지어 주었다.

그런데 왜 유독 발레 수업을 빠지고 나면 자괴감이 몰려오는가. 물론 밀려오는 패배감이 발레를 계속 배울 수 있게 만든 요인이긴 하다. 그 어떤 것도 지금처럼 지속한 적이 없었는데, 발레는 5년째 해내고 있다. 그러니 이런 감정의 동요는 무척이나 고맙고 반갑지만 왜 발레 수업에만 그런 마음이 생겨나는지, 그건 생각해 볼만했다.

누구보다 알고 싶었다. 영어 학원을 밥 먹듯이 빠져도 기분이 잡치는 일은 없었는데 왜 발레 수업을 빼먹으면 울적해지기까지 하는가. 여기저기 물었다. 친구에게 묻고 학원 수강생에게도 물었다. 취미 발레인이 모여있는 네이버 카페에 질문 글을 남기기도 했다.

여기저기서 다양한 의견을 내주었다. 돈이 아까우니

까, 발레를 그만큼 사랑해서, 원래 운동은 빠지면 기분이 나쁘다, 스스로 실망해서 그렇다, 계획한 일정이 틀어져서 스트레스를 받는 것이다, 눈에 보이는 성취감 때문에 그럴 거다. 등등.

저마다 자신의 경우에는 어떤지를 고심하면서 던져 준 대답이었다. 그렇지만 명쾌하지가 않다. 돈이 아까우려면 영어 학원 수강료도 아까워야 맞지. 나는 영어 학원을 밥 먹듯이 빠지고 기부 천사라는 별명을 얻지 않았나. 발레를 그만큼 사랑하기 때문이라고? 어떤 운동보다 발레를 사랑하는 건 맞지만 발레 못지않게 영어도 사랑하는 게 사실이다. 오히려 미치게 좋아한다면 수업을 째 버리고 싶은 마음조차 안 드는 게 맞지 않나.

원래 운동이란 빼먹으면 기분이 나쁘다? 아니, 나는 운동만큼은 무조건 빠지고 싶은 사람이다. 운동을 안 하고 편하게 누워 있어야 한껏 기분이 좋고 더 행복하다. 그런 나를 잘 알아서 발레가 아닌 다른 운동은 등록조차 하지 않는다.

자신에게 실망해서 그렇다? 나를 모르는 소리다. 나는 아주, 많이, 자주, 나에게 실망하고 그럼에도 별다른 타격을 받지 않는 편이다. 계획한 일정이 틀어져서 스트레스를 받는다고? 여행 가서 비행기를 놓치고도 금세 화를 가라앉히고 과자를 까먹으며 다음 항공편을 기다리던 나다. 그런 거로 크게 스트레스받고 그러지 않는다. 오히려 일정이 틀어지는 건 당연하다고 생각하는 쪽이다.

눈에 보이는 성취감 때문이라고? 발레에 있어서 성취를 논하자니 잠시 호흡을 가다듬어야겠다. 흐르는 눈물이라도 닦아야 할 것 같은데, 나의 실력은 무려 5년 동안 큰 변화 없이 제자리다. 지독히도 늘지 않아 내내 레벨이 낮은 반을 벗어나지 못하고 있다. 내가 발레하는 영상을 보고 친구는 일주일의 피로가 풀린다고 말할 정도였다. 얼마나 못하고 얼마나 웃겼으면...

이거다! 싶은 답을 찾지 못한 채로 꾸준히 학원을 오갔다. 평소와 같이 발레복을 주섬주섬 챙겨 입고 집을 막 나서던 어느 날, 소파에 널브러져 있던 동생이 보였다. 무심코 물었다. 내가 누구보다 게으르고 기부에 일가견이 있다는 걸 아는 동생이었다.

뭐 그런 걸 물어보냐는 듯 시큰둥했지만 그의 대답은 누구의 답변보다 명쾌했다. 수업을 안 가면 선생님이 알게 되니까 그게 신경 쓰이는 거 아니냐고, 의지박약에 책임감 없는 모습을 다른 사람이 아는 게 신경 쓰여서 그렇지 않냐는 거다.

가만 보면 밥 먹듯이 결석하던 과거에는 늘 익명성이 보장되었다. 나 하나쯤 빠진 걸 선생님은 물론 수강생들 역시 알 수 없었다. 넘쳐나는 학생으로 가득 찬 강의실에는 어제의 결석생이 누군지 오늘의 출석생이 누군지 알 틈이 없었다.

발레 학원은 달랐다. 우리 반의 정원은 12명. 원장 선생님과의 관계는 물론이고 수강생과도 나름의 역사가 쌓였다. 서로의 이름과 얼굴을 충분히 알고도 남는다. 내가 지난 수업을 빠지고 다음 수업에 갔을 때 우리 반의 한샘 씨가 말했다.

"지현 씨 지난번에 빠져서 오늘 더 힘들걸요?"

그 말에 왠지 모를 유대감을 느꼈다. 우리가 아주 느슨하게 연결되어 있다는 느낌. 무용실에 입장하면 선생님에게는 괜히 죄송한 마음이 일었다. 매번 열정 가득

한 선생님을 잘 알고 있어서다. 우리를 위해 온몸으로 열정을 쏟아 내는 선생님인데 그에 미치지 못하는 한심한 제자가 된 것 같았다.

나는 얼마만큼이나 주변인을 통해 이루어지는 존재인가. 나에게 부족한 책임감과 성실함을 끌어내던 순간에는 늘 누군가가 옆에 있었다. 내가 가든 말든 아무도 모를 만한 자리에는 시들했지만, 친구와 약속한 자리에는 성실하게 참석했다.

혼자라면 대충할 법한 과제도 조별로 주어지면 다른 이에게 피해를 주지 않으려고 열심히 했다. 직장에서 업무를 할 때도 나를 끌어올린 건 동료를 향한 책임감이었다. 나의 성실함은 혼자일 때보다 주변인과 함께일 때 더 많이 발휘되었다.

비단 나에게만 그런 건 아닌듯하다. 어려운 목표를 설정하고 그것에 닿기 위해 다 함께 의지를 다지는 경우는 꽤 많기 때문이다. 시간을 약속하고 함께 모여 공부하거나 집단을 이루어 미라클 모닝에 도전하는 것처럼. 서로가 서로에게 응원을 북돋우며 타인을 통해 성실함과 책임감을 끌어올리는 것이다.

결국 나를 완성하는 마지막 퍼즐은 타인이 아닐까. 혼자서는 내가 아무것도 아닌 것 같았다. 그런 생각이 든 이유는 최근 몇 달간 타인에게 받은 따뜻한 위로가 나를 살게 했기 때문이다.

절망에 빠져 코끝이 찡해진 날에 혜경이는 딸아이를 재우고 나에게 전화를 걸어 주었다. 침대에 누워 친구와 새벽 4시까지 이런저런 이야기를 주고받으며 얼마나 큰 위로를 받았는지 나는 기억하고 있다. 혜경이 덕에 잠시 맑아졌던 마음이 온데간데없이 또 흐려졌을 때는 기란이와 단풍을 구경하고 예쁜 거리를 거닐며 해소할 수 있었다.

시들해진 마음을 안고 파주의 한 카페에서 독서 모임을 하던 날, 하정 씨는 장난처럼 나에게 상처를 준 사람을 향해 욕을 날려 주었다. 그 말에 깔깔 웃으며 내가 얼마나 사랑으로 가득 찼는지 모른다. 어둡던 시간을 혼자서 꿋꿋하게 지나야 했다면 분명 더 길고 캄캄했을 것이다.

내가 처음 만들었던 책 〈오늘도 거절을 못했습니다〉의 첫 번째 글에서 나는 자신 있게 사람이 싫다고 말했다. 귀찮아서 친구를 사귀는 데 관심이 없다고 한 치의 의심 없이 말했었다. 혼자서 고요하게 점심을 먹고 싶어서 약속이 있다는 거짓말을 밥 먹듯 하고, 퇴근길에도 혼자 걷고 싶어서 나갈 타이밍을 재던 사람이었다.

아무래도 내가 미처 몰랐던 건 아닐까. 나는 그 누구보다 타인이 필요한 사람인 것 같았다. 혼자서 충분하다는 마음은 한낱 착각일 뿐, 나야말로 주변인 없이는 아무것도 해낼 수 없는 인간이 아닌지 생각하고 또 생각해 본다.

자꾸만 그런 마음이 드는 날을 보내고 있다. 왠지 혼자서는 삶이 버겁고 팍팍할 것 같다고. 나는 당신이 있어야만 완성되는 존재 같다고.

뭐 이렇게 열심히 하는
사람들 투성이야?

봄을 맞아 망설였던 플라워 클래스를 등록했다. 고민했던 이유는 수업 시작이 오전 11시였기 때문이다. 비아침형 인간에게 11시는 다소 무리가 있었다. 씻고 머리를 말리고 옷을 고르는 모든 시간과 집에서 학원까지 이동하는 시간을 합하면 못해도 1시간은 필요했다. 9시에는 일어나야 여유롭다는 뜻이다. 아무래도 무리인 걸. 역시, 결코 만만한 시간이 아니다.

첫날부터 '하… 너무 나를 간과했는데' 살짝 후회하면서 부랴부랴 집을 나섰다. 겨우 정시에 도착해서 열중하고 있는데 한 명의 지각생이 들어왔다. 무려 20분이나 늦은 그녀는 숨을 고르며 자초지종을 설명했다. 길이 너무 막혀서 늦어 버렸네요.

지각 사유로 교통 체증을 언급할 때는 신중해야 한다. 너무 흔한 나머지 단순 핑계로 그치기 십상이고, 말 그대로 길이 막힌 게 사실일지라도 정상참작이 어렵기 때문이다. 왜냐하면 서울에서 길이 막힌다는 건 배고프면 밥을 먹는 것만큼이나 당연하고 자주 일어나는 일이어서다.

그러나 그녀가 서울이 아닌 충주에서 여기까지 왔다면? 그렇다면 이야기가 다르다. 출발지가 밝혀지자 일제히 놀라는 감탄사가 터졌다. 나야말로 많이 놀란 사람 중 한 명이었다. 꽃을 배우기 위해 충주에서 서울까지 올 수 있다니. 그것도 아침 11시 수업에 달려오려면 대체 얼마큼의 열정이 있어야 가능한 걸까. 스스로 뿌듯함을 누릴 새도 없이 나는 금세 작아졌다. 선생님은 놀란 기색도 없이 웃으며 말했다.

"충주는 그래도 가까운 편이에요. 부산에서 오시는 분도 계세요."

졌다, 졌어. 당신의 열정에 저는 지고 말았어요.
피아노를 한참 좋아했을 때도 그런 열정을 목격했었다. 〈라라랜드〉에서 라이언 고슬링의 피아노 연주를 보고 흠뻑 반했던 나는 그 길로 집 근처 학원을 찾아갔다. 한 손은 시크하게 주머니에 꽂은 채로 다른 손은 건반 위에 올려놓고 연주하던 그 곡을 배우고 싶었다.

시작과 동시에 푹 빠지고 말았다. 밥을 먹다가도 건반을 두드리고 싶었고 퇴근과 동시에 얼른 학원으로 달려가고 싶었다. 그렇게 재밌을 수가 없었던 거다. 당시에는 피아노에 미쳐 있는 수준이어서 나만큼 좋아하는 사람이 또 있을까 생각하기도 했다.

일상이 피아노로 물들어 있던 나는 동호회 모임에 갔다가 멈칫하고 만다. 그는 피아노를 무지막지 사랑한 나머지 자나 깨나 연습하고 싶었댔다. 현대인에게 원할 때 언제든 연습할 수 있는 자유는 쉽게 주어지지 않는다. 층간 소음으로 이웃에 폐를 끼쳐서는 곤란하니까.

시간에 구애 받지 않고 손가락을 놀리고 싶던 그는 결국 결심하게 된다. 고민 끝에 사일런트 피아노를 장만한 것이다. 터치감이 좋지만 소리 크기를 조절할 수 없는 업라이트 피아노와 소음에서 자유롭지만 섬세한 터치를 살리지 못한 디지털 피아노의 단점을 조율한 상품이다. 성능은 최대로 살리고 사일런트 장치를 추가로 부착한 만큼 가격은 어마어마했다.

그가 선택한 피아노는 무려 천만 원이 넘는댔다. 내가 손을 떨며 10개월 할부로 구매했던 디지털 피아노보다 딱 10배가 더 비쌌다. 네, 제가 졌어요! 졌어! 당신의 열정에 지고 말았어요.

발레라고 다르지 않았다. 수업을 마치고 탈의실에서 폼롤러로 몸을 풀던 어느 날이었다. 옆에서 똑같이 마사지하던 수강생과 자연스레 담소를 나누었다.

"처음 배울 때만 해도 시간이 지나면 자연스레 성장할 줄 알았는데 왜 그렇지 않을까요. 벌써 4년이 됐는데 어디 가서 연차를 말하기 부끄러울 정도예요."

끄덕끄덕. 그녀는 나의 속상한 심정을 꽤 공감해 주었다. 그럴 때는 수업 횟수를 늘리는 게 답이랬다. 본인도 일주일에 6번 발레를 배웠을 때 가장 빠르게 늘었다고 했다. 다른 취미 발레인도 입을 모아 말한다고 했다. 횟수를 늘리는 것만큼 실력 향상에 좋은 게 없다고 말이다. 졌다, 졌어. 두 손 두 발을 들 수밖에 없다. 일주일에 고작 2~3회 수업을 들으면서 성장을 논하다니요. 저는 늘 제자리인 실력에 우울해할 자격도 없습니다.

내가 좋아하는 많은 분야에서 이런 일을 꾸준히 겪는다. 분야를 막론하고 나의 열정은 늘 소박하고 검소해서 명함을 내밀기가 낯간지러운 것이다. 나보다 더 좋아하고 나보다 푹 빠진 사람은 없을 것 같았지만 현실은 절대 그렇지 않았다. 도처에 널리고 널린 게 열정맨이다.

덕질에 있어서도 나는 늘 충분히 뜨겁지를 못했다. 10년, 20년 한 가수를 끈질기게 좋아하는 이들과 달리 애정의 근속 연수도 짧았고 깊이도 낮았달까. 누군가를 좋아하는 일에도 시들시들하고 철새처럼 이리저리 왔다 갔다 했다. 풍덩 사랑에 빠지는 일이 쉽게 일어나지 않았다.

결국은 열정의 크기가 재능의 크기나 마찬가지다. 하나를 독보적으로 잘하면 다른 것도 틀림없이 잘할 거란 말은 이런 맥락에서 나왔을 거다. 그 사람이 장착한 기본 태도는 분야를 가리지 않고 사방으로 뻗어갈 테니까. 열정의 한계치는 성격이나 성향과 비슷하지 않을까 생각한 적이 있다.

유난히 내성적인 사람이 있는 반면 처음 본 사람과도 빠르게 친해지는 외향인이 있듯이 말이다. 힘든 순간을 10초 참아 내는 게 한계인 사람과 100초는 버텨야 만족하는 사람의 간극은 분명히 있다. 안타깝게도 나는 전자에 속하는 듯하다.

내가 두루두루 모든 분야에 애매한 재능을 가질 수밖에 없는 이유가 바로 여기에 있는 것 같았다. 열정의 규모가 다소 부족하기 때문에 어느 하나 특출나기 어려운 것이다. 발레 실력이 크게 늘지 않는 것도 어쩌면 그 때문인 듯하다.

수치심과 자신감은
한 세트

발레를 처음 배운 순간부터 지금까지 수시로 들락날락하는 감정이 있다. 그건 바로 수치심과 자신감. 오늘의 자신감은 내일의 수치심과 한 세트나 마찬가지다. 완벽히 상반되는 두 가지 감정은 끊임없이 왔다 갔다 하며 나를 스쳐 간다. 처음 발레 학원에 간 계기는 떨어진 소화 능력을 개선하고 싶어서였다. 툭하면 체해서 앓아눕다 보니 체력 증진이 시급했다. 행복한 하루를 보내려면 튼튼한 몸과 마음이 필요하니까. 뭐라도 해서 힘을 길러야겠다는 목표로 발레를 시작하기로 했다.

앎과 실천 사이에는 하늘과 땅의 거리만큼 넓은 간격이 있었다. 운동이 절실하게 필요하다는 걸 알았음에도 정작 시작하기가 쉽지 않았다. 그 이유는 내가 운동을 무지 싫어하기 때문이다. 당장은 체해서 죽을 것 같다가도 멀쩡해지고 나면 언제 그랬냐는 듯이 간사해졌다. 아플 때는 발레 학원을 검색하다가 괜찮아지면 금세 잊어버리는 과정을 반복했다.

아니, 발레 시작한다며? 그래서 언제 할 건데? 몇 달간 이어진 친구의 닦달에 못 이겨 2020년 7월 1일 압구정의 한 발레 학원을 찾아갔다. 첫 수업 날, 바닥에 다리를 쭉 펴고 앉아서 포인, 드미포인, 플렉스를 차례로 배웠다. 발의 움직임을 세세하게 배운 왕기초 수업이었다. 그다음 수업에서는 앙바, 앙오, 알라스콩, 아나방 등 팔의 쓰임을 배웠다. 어찌저찌 반강제로 시작했지만 기초부터 차례로 배우다 보니 예상보다 훨씬 매혹적이었다.

무엇보다 발레가 매력적인 이유는 '예쁨'이 그득그득 묻어 있는 운동이라서다. 동작이 우아한 것은 물론이고 발레할 때 입는 운동복마저 아름다움이 넘쳐흘렀다. 운동을 하면서 옷도 예쁘게 입을 수 있다는 건 특혜나 다름없다. 공주 옷을 입어도 되는 운동은 발레가 아니면 없기 때문이다.

물론 '예쁜 옷'이 발레의 매력 요소인 건 순전히 나에 한해서만 맞을지도 모른다. 나의 옷 취향이 하필 디즈니 공주과라는 점에서 말이다. 한참 5~6세 아동 사이에서 엘사 드레스가 유행하던 시절, 마음 같아서는 나도 그걸 입고 거리를 활보하고 싶었다. 취향이 딱 그 시점에 멈춰 있어서 반짝이고 풍성한 드레스를 일상복으로 입고 싶은 것이다. 일명 샤랄라 취향이 고스란히 남아 있다 보니 발레복이 특혜로 느껴질 수밖에 없었다.

레오타드(상의)와 스커트(하의)를 다양하게 조합하는 재미가 그야말로 안성맞춤이다. 머릿속으로 컬러를 조합하고 코디를 하다 보면 엔돌핀이 마구 솟아난다. 물론 취미 발레인 모두가 나 같지는 않은 듯하다. 어떤 수강생은 단벌 신사마냥 주구장창 검정 티와 스타킹만 입는 걸 보면 말이다.

유난히 피곤해서 하루만 빠지고 싶은 날에는 아껴 둔 발레복 코디를 떠올리며 몸을 일으켰다. 천근만근 무거운 몸도 가뿐하게 만들어 주는 마법. 그렇게 새 옷을 꺼낸 날, 탈의실에서 한 수강생이 조용히 다가와 속삭였다.

"속닥속닥, 오늘 완전 복숭아 같아요. 너무 예뻐요!"

어머나, 내가 딱 복숭아를 오마주해서 이렇게 코디한 건데, 그걸 알아봐 주는 사람이 있다.

"정말요? 제가 딱 피치 색상으로 깔맞춤해서 산거예효. 복숭아 느낌 내려고효."

미소가 번지면서 에너지가 차오른다. 예쁜 발레복을 입었더니 자신감이 흘러넘친다. 오늘따라 더 예뻐 보여서 설레고 신나기까지 한다.

 자신감을 가득 충전해서 당당하게 무용실로 입장한다. 수업 시작 전, 거울 속의 내 모습에 잠시 취해 버렸다. 내가 이 맛에 발레하지. 괜히 오늘은 동작도 더 잘 될 것 같은 기분이다. 머지않아 그건 그저 기분 탓이라는 걸 알게 된다.

 한껏 예쁘게 치장했지만 실력은 형편이 없다. 매우 자연스럽고 당연한 결과다. 발레복이 아무리 예뻐도 실력 향상과는 무관하기 때문이다. 어제까지 못하던 내가 복숭아처럼 꾸몄다고 갑자기 잘하는 일 같은 건 없다. 선생님의 시범을 두 눈 크게 뜨고 지켜봤지만 직접 하려니 역시 잘 안된다. 실패를 거듭하며 마음속으로 주문을 건다. 특별히 복숭아 패션으로 입었으니 뭐라도 해내란 말이야.

 정신없이 수업을 따라갔더니 어느새 센터 수업 차례가 왔다. 한 손으로 잡고 의지했던 발레 바를 치우고 넓은 홀에 맨몸으로 서는 시간이다. 앞에서 배운 기본 동작에 추가로 움직임을 더해 조금 더 어려운 걸 배운다. 버스 손잡이처럼 붙잡고 의지하던 바가 사라지면 휘청휘청하는 몸을 가누기가 몇 배는 더 어렵다.

지지대가 있을 때는 복숭아스러운 나를 얼핏얼핏 감상할 수 있었는데 센터 수업에서는 정신이 혼미하다. 예쁜 옷을 입은 나를 즐길 겨를이 없다. 이러다 확 넘어진다면 얼마나 망신스러울까. 여태껏 수업 도중에 넘어진 적은 없지만 매번 걱정이 드는 건 어쩔 수 없다. 어떻게든 넘어지지만 말자는 마음으로 집중한다.

삐뽀삐뽀. 비상이다. 방금 배운 동작을 선생님과 다른 수강생 앞에서 펼칠 시간이 왔다. 내가 부끄러워하는 순간이다. 오늘 배운 동작은 '빠드샤'. 빠드샤는 고양이의 스텝이라는 뜻으로 무릎을 벌린 채 공중으로 뛰어올라 다리를 엇갈리듯 착지하는 동작이다. 정석대로 구현하면 마치 고양이가 사뿐사뿐 뛰는 듯한 느낌을 준다. 어디까지나 동작을 제대로 했을 때 고양이 같다는 거다.

그런데 내가 하는 빠드샤는 전혀 고양이 같지가 않은데 어쩌지. 개그맨 유세윤이 따라 하는 개코원숭이를 더 많이 닮았다. 넘어지지 않고도 망신을 당하는 건 가능한 일이었다. 원숭이 같은 모습으로 무용실을 가로질러야 할 때, 그럼에도 어떻게든 고양이 느낌을 내려고 애쓰는 나를 볼 때, 그런데도 자꾸 개코원숭이만 등장할 때, 나는 조금 수치스럽다고 느낀다. 다른 데서 잘 느껴 보기 힘든 마음이다.

취미 발레인이 모여있는 〈레오타드를 입는 사람들〉 카페에도 종종 이런 한탄이 등장한다.

"오늘 센터 수업했는데 수치스러워서 더 이상 발레 못 배울 것 같아요."

나는 카페에 글을 쓴 적이 없는데. 어쩜 이렇게 내 마음이 똑같이 쓰여 있지. 나만 그런 게 아니라는 사실은 큰 위안을 준다. 하나같이 따뜻한 공감의 댓글도 이어졌다. 누구나 수치스럽지만 참고 하는 거다, 원래 발레가 그렇다, 우리가 발레리나도 아닌데 뭐 어떠냐. 위로의 말들로 또 한 번 위안을 받는다.

시작할 때의 자신감은 늘 수치심으로 덮인 채 수업이 끝나지만 아마도 나는 이번 주도 다음 주도 또다시 발레 학원에 갈 것이다. 수치심으로 덮인 자신감을 꺼내기 위해 예쁜 발레복을 입고서. 그저 이렇게 무한 굴레를 반복할 뿐이다.

아까 배운 그 점프,
이름 뭐였지?

새로운 동작을 가르쳐줄 때마다 선생님은 말한다. 이건 ㅇㅇㅇ이에요! 시범 동작을 세세하게 보여 줌과 동시에 이름도 함께 알려 주는 것이다. 책상에 앉아 펜을 들고 하는 수업이 아니다 보니 곧바로 받아 적을 수가 없다. 금세 까먹기 때문에 혼잣말로 작게 중얼거리면서 몇 번이나 용어를 되새긴다. 수업이 끝나자마자 휴대폰을 찾아 메모장 앱을 켠다. 새로 배운 동작의 이름을 기억하고 싶기 때문이다. 메모는 대개 이런 식으로 적힌다.

"땅뒤에? 딴뒤에? 땅디에?"

이상해 보이는 용어 여러 개를 물음표와 함께 기록한 데는 다 이유가 있다. 선생님의 말소리를 떠올리며 발음을 복기해서 적기 때문이다. 발레 용어는 모두 프랑스어라서 낯설고 기억하기가 어렵다. 대학생 때 프랑스어를 배우고 싶어 교양 수업을 신청했다가 대차게 포기한 경험이 있다.

영어와는 다르게 여성 명사와 남성 명사가 구별되는 언어를 도무지 익힐 자신이 없어서다. 단어를 1개만 외우기도 벅찬데 2개씩 외워야 한다는 사실에 바로 의지가 꺾였다. 그런 나에게 프랑스어는 도무지 알 수 없으며 알고 싶지 않은 세계다.

저렇게라도 대략 끄적일 수 있으면 다행이다. 어떤 날은 아무리 소리를 복기하려고 해도 모음과 자음 그 어떤 발음도 떠오르지 않는다. 그야말로 백지상태라 한 글자도 적을 수가 없다. 오늘처럼 유추할 만한 단서가 있는 날은 그대로 검색창을 연다.

차례로 하나씩 기입하여 검색하다 보면 정확한 동작의 이름을 찾기도 한다. 운 좋게 연관 검색어로 동작 이름이 뜬다거나 누군가가 정리해 둔 발레 일지 포스팅을 통해서 말이다.

그렇지만 이리저리 철자를 바꿔 가며 검색해도 아무런 결과가 없다면? 그럴 때면 마치 〈거침없이 하이킥〉의 윤호(정일우)가 된 것만 같다. 여자 친구에게 이별의 말을 듣고도 바로 알아채지 못했던 그 윤호 말이다.

극 중에서 윤호는 오토바이를 타면서 쌈박질을 하는 공부와 거리가 먼 고등학생이었다. 우연히 길을 지나다가 같은 학교의 학생이 괴롭힘을 당하는 걸 목격한다.

곤란한 상황에 빠진 그녀를 구해 주며 관계가 진전되었는데 알고 보니 그녀는 전교 1등 우등생이었다. 몇 번의 데이트를 통해 서로의 지적 수준이 맞지 않다고 판단한 그녀는 끝내 이별을 고한다.

하지만 윤호는 그것이 이별의 언어라는 걸 바로 알아차리지 못했다. 전교 1등의 학생답게 사자성어로 헤어짐을 전했기 때문이다. 소문을 듣고 찾아온 형이 두 사람의 이별을 언급하자 그제야 분위기를 짐작하고 마지막 말을 애써 떠올려 본다. 그는 꼭 나와 비슷하게 그녀의 말소리를 복기하며 종이에 정답 후보를 적어 내려갔다.

〈해자존니, 해자정리, 해자종니, 해자좋니, 해자종리, 해자적니, 혜자좋니, 혜자존리, 혜자적니…〉

끝끝내 '회자정리'라는 답을 찾지 못해 괴로워하며 머리를 잡아 뜯었고 이야기도 거기서 막을 내린다. 그렇지만 시트콤 속의 윤호에게는 없었던 특별 찬스가 나에게는 존재한다. 그건 바로 질문할 기회다.

발레를 막 시작하고 재미나서 어쩔 줄 모르던 때에 〈레오타드를 입는 사람들〉이라는 네이버 카페에 가입했었다. 취미로 발레를 즐기는 사람들이 옹기종기 모여서 발레에 관한 각종 정보를 함께 나누는 공간이다. 집단 지성의 힘을 얻을 수 있다는 뜻이다. 나는 너무 궁금한 나머지 곧바로 질문 글을 올렸다.

> *동작 이름 좀 알려 주세요.*
> 발음상으로는 분명 땅뒤에? 딴뒤에? 로
> 들렸는데요. 동작의 연속 같은 거예요.
> 그리고 선생님이 설명해 주실 때 땅뒤에의
> 땅은 time을 뜻한다고 하셨어요.
> 동작 이름 뭘까요?ㅜㅜ 알려 주세요

두근두근. 지푸라기 잡는 심정으로 글을 남기자 놀라운 일이 벌어졌다. 1분도 채 안 돼서 답글이 달린 것이다. 내가 애타게 찾던 용어의 이름은 "땅 리에"였다. 와, 이렇게 명쾌할 수가. 답을 찾을 수 있을 것이라 기대는

했지만 1분 만에 가능할 거라고는 예상하지 못했다. 집단 지성의 힘이 얼마나 대단한지 알게 된 순간이다.

또 한 번 〈거침없이 하이킥〉의 윤호가 떠올랐다. 그가 사자성어 카페에 도움을 청했다면 어땠을까. 조금 전 내가 했던 것처럼 윤호도 이렇게 질문 글을 올리는 거다.

오늘 여자 친구가 집에 가면서 '해자존니?'라는 말을 남겼는데요. 평소와는 다르게 이상한 분위기를 풍겼어요. 그녀는 대체 무슨 말을 한 건가요? 설마 이별을 암시하는 말인가요? 그랬더라면 윤호도 1분 만에 '회자정리'라는 걸 알았을지도 모르는데.

빛의 속도로 명쾌한 답변이 달리자 나는 욕심이 생겼다. 마치 놀러 온 사촌 언니에게 안 풀리던 수학 문제를 물어보던 날 같았다. 큰 기대 없이 물었다가 쏙쏙 이해되는 설명에 감동하여 별표 쳐 둔 문제를 모조리 뒤지던 바로 그날의 기분이었다. 발레를 막 배우기 시작했을 때 일지에 적어 둔 점프 이름을 찾고 싶어진 것이다. 배운 지 얼마 안 됐을 때라 지금보다 더 동작 이름 외우는 걸 어려워했던 시절이다.

그 때문에 오늘의 메모처럼 이름을 유추할 만한 단서는 하나도 없었다. 그저 조악하게 동작의 모양을 설명서처럼 풀어 쓴 기록만 있을 뿐이었다. 일지를 쓰던 당시에는 한참 후에 꺼내 보면 무엇을 설명하는지 바로 알아챌 거라고 생각했었다. 실력이 늘고 배운게 더 많아지면 동작 설명만 보고도 손쉽게 이름을 맞힐 줄 알았던 것이다. 그런데 나는 도저히 어떤 점프를 말하는지 알 수 없었고 다시 한번 질문하기로 한다.

저번 주부터 사선으로 쭉 발을 디디면서
나가는 점프를 배웠다.
그리고 어제는 꽃게처럼 서서 옆으로 발을
너덜거리며 움직이는 점프를 배웠다.

*일지에 이렇게 써 두었는데, 도대체 무슨
점프일까요? *

앞서 '땅 리에'를 찾을 때는 신속했는데 이번에는 그렇지 않았다. 아무래도 단서가 적으니 집단 지성의 힘도 약해진 것일까. 확신하는 댓글은 없었고 조심스레 유추하는 답변이 많았다. '사선은 ㅇㅇ, 꽃게는 ㅇㅇ 아닐까요?' 식의 형태로 수많은 댓글이 달렸다. 답이 궁금하다며 알람 설정을 해둘 테니 밝혀지면 꼭 알려 달라는 댓글도 중간중간 있었다.

댓글을 힌트 삼아 쭉 살피고 나니 백지였던 머릿속에 윤곽이 잡혔다. 기억을 되짚어 보니 사선 점프는 '샤쩨', 꽃게 점프는 '글리싸드'라는 걸 알았다. 지금의 나는 더 이상 샤쩨와 글리싸드를 외우겠다고 애쓸 필요가 없다. 이미 수없이 배워서 동작과 이름을 뚜렷하게 알고 있기 때문이다.

새로운 동작을 배울 때마다 비슷한 과정이 왕왕 반복되었고 아마 앞으로도 그럴 것이다. 여전히 처음 배우는 동작의 이름은 낯설어서 까먹기 일쑤다. 다만 5년을 배우면서 확실하게 알게 된 사실은 여러 번 배우다 보면 언젠가는 완벽하게 외우는 날이 온다는 것이다.

오늘 당장 까먹었더라도 분명 몇 달 뒤에 또 배울 테고 그러면서 익숙해지는 날이 반드시 온다. 이제는 배웠던 동작의 이름이 도통 떠오르지 않아도 조급해하지 않고 언젠가는 또 배우겠지, 하면서 기다리게 되었다. 물론 당장 알고 싶어서 카페에 질문 글을 올리는 날도 가끔은 있다.

안 힘들면
무조건 틀렸다

발레 수업의 시작은 바닥에 매트를 깔고 하는 윗몸 일으키기다. 세상에서 제일 싫어하는 운동 중 하나다. 행복은 거저 얻을 수 없다는 삶의 교훈이 발레 학원까지 찾아든 걸까. 발레를 배우러 갔는데 윗몸 일으키기를 해야 한다니. 수업을 신청할때만 해도 무용실에 입장하자마자 발레 동작을 배우는 줄 알았다. 예상과 다르게 한참이나 준비 운동을 해야 해서 조금 암담했던 기억이 난다. 나에게 있어 매트 운동은 대단히 큰 장벽이었다.

그 때문에 2주 차까지 수업을 확 제쳐 버리고 싶다는 유혹을 떨치기 어려웠고 하마터면 한 달도 못 채우고 그만둘 뻔했다. 매트에서 하는 준비 운동은 몸을 유연하게 풀어 주는 스트레칭과 곳곳의 근육을 키워 주는 근력 운동이 적절히 섞여 있다.

윗몸 일으키기가 끝나면 정면을 보고 오른쪽 다리는 'ㄱ'자로 접고 뒷다리는 일자로 툭 떨어뜨려 늘려 준다. 장요근을 스트레칭하는 동작이다. 오른쪽이 끝나면 왼쪽으로 순서를 옮겨 다시 한번 다리를 찢고 늘린다. 이번에는 엉덩이를 땅에 대고 앉아 다리를 넓게 쫙 벌린 채로 상체를 앞으로 숙여 준다. 다리 안쪽에 있는 내전근을 풀어 주는 운동이다.

다시 가지런히 다리를 모아서 어깨너비로 살짝만 벌려 준다. 그 상태로 발끝은 몸쪽으로 당기면서 상체를 구부리는 동시에 손으로 발을 잡아 준다. 햄스트링을 자극하는 동작이다.

이어지는 엉덩이 운동은 엎드린 채로 시작한다. 양손을 겹쳐 이마 위에 받쳐 주고 두 다리를 살짝 구부린 채 발바닥을 서로 맞댄다. 개구리가 헤엄칠 때 뒷다리를 모으는 모양새와 비슷하다. 그렇게 만든 두 다리를 상체는 가만히 둔 상태에서 있는 힘껏 위로 들어 올린다.

난생처음 듣는 근육의 이름들은 발레를 배우면서 익힌 지식이다. 내전근, 장요근, 햄스트링, 봉동근, 요방형근 등등. 몸의 구석구석에 작은 근육들이 존재하고 이름이 붙여져 있다는 것도 새삼 알게 되었다. 발레가 아니었다면 아마 평생 모르고 살았을 명칭이다.

그의 이름을 불러 주었을 때 비로소 꽃이 되었다는 김춘수 시인의 〈꽃〉이 떠오르지 않을 수 없다. 몸의 일부였던 건 예나 지금이나 변함없는 사실인데 명칭을 알고 나서 그제야 내 몸에도 이런 부위가 있었구나! 깨닫게 되었으니 말이다.

발레를 배우기 전에는 인식하지 못한 몸의 곳곳을 일깨우는 시간이다. 그 깨달음은 다음 날 통증으로 더 뚜렷해진다. 네 몸에는 이런 곳도 있었단다, 근육통이 몸의 위치를 표식으로 알려 주는 것 같다.

수업에 꾸준히 참여하면서 모든 매트 운동을 차곡차곡 몸으로 익혔다. 특정 부위가 정확하게 자극되어야 하는 만큼, 선생님은 매트 운동에 큰 변화를 주지 않았기 때문이다. 부위별 동작마다 매번 같은 음악을 틀어 주는 이유도 그 때문이랬다.

파블로프의 개 실험과 비슷한 원리다. 밥을 줄 때마다 종을 울리면 나중에는 종만 울려도 개가 침을 흘리더라는 실험 말이다. 실험실의 개가 그랬듯 우리에게도 특정 음악이 들리면 그에 맞는 운동이 조건반사로 튀어나오게 만든 것이다. 1번 음악이 나오면 장요근 운동을, 2번 음악이 나오면 엉덩이 운동을 하는 식으로 저절로 매트 운동을 해내게 되었다.

훌륭한 선생님이 의도한 대로 다음 시간도 그다음 시간에도 우리는 모두 선생님의 터치 없이 매트 운동을 잘 해낼 수 있다. 그러다 아주 가끔 새로운 동작을 소개해 준다.

"오늘은 원래 하던 거 말고 이걸로 해 볼게요."
이미 익숙해질 대로 익숙해진 엉덩이 운동을 생략하고, 옆으로 비스듬히 누워서 시작한다. 마치 TV를 볼 때 한 손은 리모컨에 두고 한 손은 턱을 괸 채로 누워 있는 자세와 비슷하다. 다리를 웅크려서 모아준 후 바닥에 붙어있는 다리는 고정하고 반대쪽 다리를 위로 올렸다가 내리는 걸 반복한다.

이거, 너무 할 만한데. 기존에 하던 것보다 훨씬 쉽다. 매트 운동 열등생인 내가 수월하다고 느낀다면 결코 반가운 상황이 아니다. '쉽다'로 쓰고 '엉망'이라고 읽어야 한다. 그간의 경험으로 알게 된 사실인데 쉬우면 쉬울수록 제대로 못하고 있을 게 분명해서다. 역시나 선생님은 내 쪽으로 오고 있다. 틀린 자세를 바로잡기 위해 오는 것이다. 지금 자세에서 몸을 더 반듯하게 세우고 엉덩이 위치를 앞으로 가져오게끔 몸을 교정해 준다.

 그럼 그렇지. 선생님이 다녀가자 곧바로 힘들어졌다. 이런 일은 매트 운동을 넘어 발레 동작을 배울 때도 빈번하게 일어난다. 그럴듯하게 모양새만 흉내 낼 때는 하나도 힘들지가 않다. 몇 시간도 해낼 것만 같다. 그런데 선생님이 세세하게 지적해 주면 1분도 버거울 정도로 힘들어진다. 어느 근육에 더 힘을 주어야 하는지, 몸을 어떻게 써야 정석인지를 교정하고 나면 완전히 다른 동작을 하는 것 같다.

 비슷한 흐름을 여러 번 겪고 알게 되었다. 힘들지 않다면 내가 틀리게 하고 있구나, 생각하면 된다. 유달리 힘이 하나도 안 들고 동작이 척척 잘 된다 싶으면 자동반사적으로 불길한 촉이 온다. '아… 나 왠지 틀린 것 같은데…' 그 예감만큼은 한 번도 틀린 적이 없었다.

 인생의 진리가 내 몸과 정신에도 새겨져 있는 것이다. 값지고 귀한 것일수록 쉽게 얻어지지 않는다는 사실 말이다. 그 참된 이치는 발레 학원에서도 꼭 들어맞는다.

선생님은 우리보다 더 일찍이 알아차렸을 거다. 발레가 자신의 인생이라 해도 과언이 아니기 때문에. 그걸 일찌감치 깨달은 선생님은, 그렇기 때문에 자꾸 소리치는 걸지도 모른다. 그 정도로 해서는 얻을 수 없으니 잘 해내고 싶다면 더욱 힘을 써야 한다고 말이다.

"힘 아꼈다가 집에서 쓸 거야? 여기서 다 쓰고 가요! 아끼는 거 눈에 다 보여!!"

내가 그럴 줄은 몰랐어

남을 향해 생각 없이 던졌던 말이 비수가 되어 나를 찌르기도 한다. 2023년 4월 7일 오전 10시, 압구정 로데오 한복판에서 나는 그 소리를 들었다. 과거의 영혼이 귓가에 대고 속삭이는 듯했다.

"쯧쯧 고작 저런 거 사겠다고 오픈런을 해? 한심하다 한심해."

언젠가 내가 얼굴도 모르는 타인에게 뱉었던 말이다. 그들이 명품을 사겠다고 몇 날 며칠을 백화점 앞에 줄 서 있는 모습을 보고서. 코로나 창궐로 전례 없이 명품 소비가 늘면서 오픈런 열풍이 불었던 그 시기에 말이다. 남이야 빚을 내서 명품을 사든 말든 한 달 치 월급을 가방 하나에 태우든 말든 내가 상관할 자격이 있나. 자기 돈 주고 자기가 사겠다는데 나는 어쩌자고 저런 말을 지껄였나.

악마의 속삭임 같은 언사에 절로 고개가 숙여졌다. 지나가는 행인이 혀를 차며 질타했어도 이렇게 서늘하지는 않았을 거다. 남이 한 욕을 들을 때보다 더 오싹했다. 다른 이를 향해 던졌던 말이 부메랑이 되어 나에게 꽂혀 버린 것이다.

각종 미디어에서 현상을 다루는 관점이 묘하게 부정적인 뉘앙스를 풍겼다. 여론에 힘입어 나 역시 그들을 한심하게 바라봤던 게 솔직한 심정이다. 어찌 됐든 동조했다는 건 나의 마음 깊은 곳에 그런 시각을 품고 있었다는 뜻이다. 명품을 산다고 명품이 되나, 사람 자체가 명품이어야지.

그런 생각의 한편에는 우쭐함을 품고 있었다. 난 저들과 달라. 명품으로 허세 떨지 않고 자기 발전에 힘쓰는 뛰어난 사람이야. 모자라고 추한 태도였다.

적어도 그때만큼은 자신이 있었다. 내가 물건 하나를 갖겠다고 줄 서서 기다리는 일 따위는 절대 없을 거라 확신했다. 확언하고 자신하는 인간은 얼마나 오만한가. 나라고 밖으로 향했던 손가락질이 고대로 방향을 틀어 나에게 향할 줄 알았겠는가. 0.1%라도 가능성을 염두에 뒀다면 저 따위 발언을 내뱉었을 리가 없다.

인제 와 변명을 좀 보태자면 작정하고 오픈런을 하려던 건 아니다. 핑계 없는 무덤 없다고, 결국 남이 볼 때는 비겁한 변명에 불과하겠지만. 나는 진짜로 어쩌다가 그런 상황에 놓인 것뿐이다. 사건의 발단은 어여쁜 발레 가방을 발견한 순간으로 거슬러 올라간다.

발레용품을 주로 판매하는 〈레페토〉라는 브랜드가 있다. 발레 상점의 원조 격이라 그에 걸맞게 예쁘고 다양한 제품을 보유하고 있다. 당연한 순리로 가격대가 꽤 높다. 탐나는 상품이 많았지만 금액이 부담되어 관심 밖으로 두었다. 그러다 우연히 신상품을 발견하고 눈이 뒤집힌 것이다. 내가 사랑해 마지않는 라벤더 색상의 가방이 한정판으로 출시되었기 때문이다.

그걸 사지 않고 참아 낼 재간은 없었다. 그동안은 아무리 예쁜 걸 봤어도 비싼 가격을 보고 뒷걸음쳤다. 그런 나를 보며 절제력을 갖춘 합리적 소비자라고 믿었는데, 그게 아니었다. 그저 참아질 만큼만 예뻤던 거다. 연보라빛을 띤 가방을 보니 더는 버틸 수가 없었다.

그 가방은 내 것이 될 운명이었는지 때마침 '레페토 데이'가 다가오고 있었다. 1년에 딱 하루 전 품목을 20% 할인해 주는 이벤트 데이가 얼마 남지 않은 것이다. 1년 동안 위시리스트를 만들고 레페토 데이만 기다리는 사람이 있을 정도다. 이전에는 사방에서 레페토 데이를 언급해도 철저하게 남 일이었다. 할인 이벤트에 환장하는 사람을 보면서 '뭐 저렇게까지…' 한껏 여유를 부렸었다.

그들의 심정을 나는 이제야 알 수 있었다. 마음에 쏙 든 가방을 무려 20%나 할인 받을 수 있다니. 심장이 쿵쿵 뛰었다. 이왕이면 품절되기 전에 사야겠다는 생각으로 조금 일찍 갔을 뿐인데, 나보다 더 열정적인 사람들이 먼저 와 있었다. 나의 첫 오픈런은 그렇게 발생한 것이었다. 그러니 내가 얼마나 억울하겠는가.

"내가 그럴 줄은 몰랐어." , "나한테도 그런 일이 생길지 몰랐어."

흔해 빠진 드라마 대사가 꼭 들어맞는 상황에 빠지고서야 비로소 깨달았다. 남과 다르다고 자신했던 내가 얼마나 오만했는지 말이다. 세상의 어떤 일도 나한테 일어나지 않으리란 법은 없었다. 어떤 유혹이 와도 다 참아 내고 나를 지켜 낼 수 있다고? 아니, 그렇지 않았다. 그저 운이 좋아서 잘 피한 것이다. 그 깨달음은 나의 오만함을 완벽히 걷어 가 주었다.

내가 절대로 되고 싶지 않은 모습을 한 사람을 본다. 그리고서 나의 가능성을 거기까지 뻗어 본다. 이전에는 망설임 없이 비난했었다. 그렇게 될 수밖에 없었던 사정은 조금도 고려하지 않고 마음껏 손가락질했다. 나에게는 타인의 인생을 함부로 재단할 자격이 없다.

나는 절대 안 그럴 자신이 있다며 무턱대고 확신하는 대신 나라고 안 그러리란 법 없다고 가능성을 열어 둔다. 그런 마음가짐이 나를 더 지켜 낼 수 있기 때문이다. 내가 타인과 특별히 다르지 않다는 건 섭섭한 진실이지만 그걸 인정해야만 비로소 내가 완성될 것 같다.

2부

못하는 걸 못 하는
선생님의 쁠리에

발레를 취미로 시작하는 성인의 나이는 현역 발레리나가 은퇴하는 시점과 비슷하다. 그 말인즉슨 나는 몸이 잘 따라 주지 않는 나이에 발레를 시작했다는 뜻이다. 평생 발레만 해 온 무용수도 은퇴 후에는 몸이 굳는다. 그러니 발레라고는 해본 적도 없던 내가 일주일 2~3번의 수업으로 비범해지긴 어렵다. 2년 반째 기초반을 벗어나지 못하고 기본 동작을 하고 또 한다. 운동신경을 타고나지 못했으니 어쩔 수가 없다. 늘 제자리를 맴도는 기분이지만 상심은 금물이다.

취미를 오래 즐기려면 꼭 지켜야 하는 마음이 있다. 너무 욕심내지 말 것. 목표에 도달하지 못했다고 좌절하지 말 것. 한마디로 수업을 들으면서 행복한 순간을 즐기는 것이 최선이다. 아마 나는 매번 엉망일 것이다. 안 봐도 뻔한 게 아니고, 매번 거울로 똑똑히 지켜보기 때문에 확신할 수 있다.

그나마 다행인 사실은 혼자서만 엉망이 아니라는 사실이다. 함께 배우는 수강생들의 완벽하지 않은 모습과 잦은 실수는 그래서 반갑기도 하다. 너두 방금 틀렸니? 야, 나두! 하필 동작이 틀린 순간에 눈이 마주치면 함께 웃음을 참기도 한다. 서로가 최악일수록 끈끈함이 더해지는 것 같다.

오늘 수업에서도 어김없이 '쁠리에'를 했다. 쁠리에는 '무릎을 굽히다'라는 뜻으로 한쪽 또는 양쪽 무릎을 구부리는 발레 동작이다. 무릎을 반만 구부리는 '드미 쁠리에'와 바닥에 주저앉는 느낌으로 크게 구부리는 '그랑 쁠리에'로 나뉜다. 쁠리에는 모든 발레 동작의 기반이다. 다양한 발레 동작을 무리 없이 해내기 위해서는 제대로 된 쁠리에가 필수다. 그렇기 때문에 완벽하게 구현할 필요가 있는 것이다. 현역 무용수들도 몸풀기 시간에 늘 빼놓지 않고 '쁠리에'를 한다.

'주 2회 x 29개월'로 계산한다면 결석한 날을 빼고 넉넉잡아도 내 생에 최소 200번의 쁠리에를 했다. 그럼에도 불구하고 제대로 구사한 적은 단 한 번도 없으리라. 선생님은 나도 포기한 내 몸을 절대로 포기하지 않는 스승이기에 대체로 그냥 넘어가지 않는 편이다. 오늘도 어지간히 엉망이었는지 다음 진도를 나가지 못하고 중간에 잠시 멈추었다.

"휴, 아니~ 그게 아니라니까~"

이럴 때는 평소보다 더욱 세세하게 우리의 잘못을 짚어 주고자 시범을 한 번 더 보여 준다. 어디가 어떻게 틀렸는지 세세하게 알려 주려는 것이다. "자 보세요!! 이건 내거" 선생님은 무릎을 굽히며 자세를 낮출 때 무엇을 신경 써야 하는지 몸소 보여 주고 있다. 매번 수업 때마다 느끼는 사실인데 선생님의 쁠리에는 몹시도 아름답다. 그 자태가 심히 아름다워 홀리듯이 선생님만 보다가 타이밍을 놓친 적도 있었다.

"그리고 이건 여러분들 거"

보다 극명한 비교를 위해 좋은 예시와 나쁜 예시를 번갈아 보여 주려는 것이다. 우리가 만들어 내는 나쁜 쁠리에 동작을 보여 주고자 야심 차게 도전했지만 어려워 보인다. 아니 아까 그거 어떻게 한 거야? 언제나 아름답고 정석적인 쁠리에만 하다가 엉망으로 하려는데 그걸 못 하는 선생님.

아무리 끙끙대도 나의 몸으로는 완벽한 쁠리에가 나오지 않는 것과 비슷한 전개다. 결국 선생님은 우리를 따라 하는 데 실패했다. 수업 때마다 봤으니 선생님이 하는 쁠리에 시범도 최소 200번은 목격했을 거다.

오늘은 조금 신기하고 색다른 날이었다. 아름답고 정석적인 동작만 봤었는데 굳이 최악의 예시를, 그것도 최선을 다해 구현하는 모습은 처음이었기 때문이다. 물론 선생님의 노력이 무색하게 나쁜 쁠리에 시범이 성공적이지 못했지만 말이다. 공부 잘하는 사람이 꼭 좋은 선생님은 아니란 말이 있다. 처음부터 잘하는 사람은 헤매는 이의 마음을 속속들이 공감할 수 없기 때문이다. 그 말의 참뜻을 눈앞에서 확인한 기분이다.

무언가를 뛰어나게 잘하는 사람은 이미 완벽함이 몸에 배서 못하는 걸 흉내 내기에도 어려움이 있는 걸까. 펭수가 그랬는데. 저는 못하는 걸 못 합니다. 그 말의 참된 의미가 바로 이런 것이구나. 자기 분야에서 비범하다는 건 어떤 느낌일지 궁금하다. 아마추어는 절대 닿을 수 없는 프로의 경지라고나 할까.

나에게는 그런 분야가 과연 있는지 한 번 떠올려 보지만 딱히 없다. 뭐든 그냥저냥 할 줄 아는 정도이지 프로의 이름을 붙일 만큼 뛰어나고 독보적인 분야가 없다. 못하고 싶어도 저절로 잘해질 수밖에 없는 것. 그런 능력을 하나 가지고 있다면 인생이 멋스러울 것 같다. 나도 남은 인생에 그런 걸 하나쯤은 가지게 될까. 노파심에 고백하자면 그런 재능을 발레에서 발견하고 싶은 건 아니다. 발레로는 솔직히 어림도 없지. 나도 그쯤은 안다.

발레는 운동이라기 보다는

다시 태어나면 돌이 되고 싶다는 사람이 있는데, 나는 구태여 망부석의 삶을 살고 싶지는 않지만, 돌로 살고 싶은 이의 마음만은 충분히 이해한다. 왜냐하면 이대로 쭉 돌처럼 굳어 버리고 싶다고 바란 적이 있기는 있기 때문이다. 게으른 천성에 약한 체력이 합해지니 움직이는 게 극도로 싫다. 운동이 즐겁고 재밌다는 사람은 늘 연구 대상이었다. 땀 흘리고 숨이 차는 행위가 어떻게 재미있지? 거짓말일 거야. 나는 편협한 인간이라서 도통 의심을 거두지 못했다. 힘들어도 건강해지려고 참는 거라 믿었다.

 살다 보면 이런저런 계기로 나와 다른 사람이 실로 존재한다는 걸 목격한다. 세상은 제법 다양한 사람으로 둘러싸여 있다는 걸 알게 된 후 비로소 믿게 되었다. 정말로 재미가 있어서 운동을 하는 사람이 있다. 나의 반대편에 있는 사람은 역으로 반문할지도 모르겠다. 삶의 활력소와 같은 운동을 싫어하는 게 말이 되나요? 정말 그런 사람이 있기는 한 거가요? 안 해봐서 그런 거예요. 막상 해 보면 얼마나 재밌는지 모릅니다. 모르는 소리. 나도 소싯적에 이거저거 다 해 보고 하는 말이다.

운동은요, 정말로 너무나 재미없어요. 확실히 재미가 없습니다. 내가 얼마나 다양한 종목에 발을 담가 봤는지를 되짚어 보니 더욱 확신할 수 있다. 아니 어쩌면 발'만' 담가 봤는지가 맞는 표현일지도 모르겠다.

수능이 끝난 직후 친구의 꼬드김으로 요가를 등록했었다. 타고난 유연성이 제로를 지나쳐 마이너스에 가까운지라 어려움이 많았다. 몸이 굽혀지지 않는 탓에 아등바등이란 별명을 얻은 채 겨우 한 달을 채우고 그만뒀다.

대학교 2학년 겨울 방학에는 역시 친구의 꼬드김으로 스키를 배웠다. 밥 먹고 스키 타고 밥 먹고 스키를 탄다는 2박 3일 스키 캠프를 함께 갔었다. 온몸에 멍이 들면서 넘어지고 또 넘어지던 겨울을 보냈다. A자를 그리라는 말을 지겹도록 듣고 마침내 슬로프를 활주할 수 있었다.

수영이 그렇게 좋더라는 말에 주민 센터를 찾아간 적도 있다. 오리발을 끼운 채 물에 둥둥 떠서 발장구를 치는 게 흥미롭지 않았다. 내가 물을 싫어한다는 사실을 그때 처음 인지했다. 축축하게 젖은 채 수영장에서 나온 뒤 샤워를 하고 머리를 말릴 때면 꼭 물미역이 된 것 같았다. 그 감각이 생생하게 남아 있어서 두 번 다시 수영은 배우고 싶지가 않다.

올림픽공원에서 시작했던 테니스는 한 달 내내 서브 자세만 배우다가 참을 수 없이 지루해서 관뒀다. 검도, 필라테스, 핫 요가, 배드민턴. 어떤 운동도 내 앞에서는 다 마찬가지였다. 원래도 끈기가 부족하고 포기가 빠른 사람이지만 운동에 있어서는 그 정도가 더 심했다.

그랬던 내가 발레를 5년째 배우고 있으니, 이게 무슨 일인지 스스로 가끔 놀라는 게 당연하지 않은가. 그 사이에 다른 사람으로 바뀐 것도 아닌데 말이다. 2층에 있는 학원에 가면서 계단 대신 엘리베이터를 타는 걸 보면 알 수 있다. 운동을 하겠다고 집을 나섰으면서 최대한 운동을 삭제시켜 버리는 것이다. 이렇게나 한결같을 수가 없다. 잘 맞는 운동을 하나라도 찾았으니 참 다행이라 여기며, 그런 줄로만 알고 꾸준히 학원을 오갔다.

그러다 몇 달 전 작품반 수업을 처음 수강하고 비로소 알게 됐다. 발레가 잘 맞는 운동이라서 꾸준히 해 왔던 것이 결코 아니었다. 지금껏 단단히 착각하고 있었던 거다. 발레는 운동이 아니었다. 발레는 춤이었다. 그냥 춤도 아니고 완전한 예술에 가까운 춤이었다.

작품반 수업을 간단히 설명하면 K-POP 댄스 수업과 흡사하다. 마치 블랙핑크의 신곡 안무를 배우는 것과 비슷하다. 모든 발레 작품에는 1~3분 남짓한 무용수의 솔로 무대가 있는데, 그 춤을 똑같이 배우는 것이다. 실제 작품에 나오는 동작을 차근차근 배우고 음악에 맞춰 춤을 추는 즐거운 시간이다.

세 번째 수업 날, 아름다운 안무를 배우다가 접신한 사람처럼 깨달음이 왔다. 내가 지금 몸을 움직여서 춤을 추고 있구나. 거울 속 모습은 튼튼해지려고 하는 운동과는 거리가 멀어 보였다. 그동안 기초 동작을 끊임없이 따라 하면서는 미처 알아채지 못한 사실이다. 단순하고 반복적인 동작을 할 때는 그저 운동이라고 여겼다. 그제야 배웠던 것을 되짚어 보니, 모든 동작이 아름다운 춤사위를 뽐내기 위한 초석이었다.

어느 옛날에 표정까지가 발레의 완성이라고 소리치던 선생님의 모습이 스쳤다. 힘든 티를 내지 말고 아름답게 웃으라던 말의 참뜻을 알게 된 것이다. 발레는 머리부터 발끝까지 어느 하나 빼놓지 않고 아름다움을 표현하는 행위 예술이기 때문이다. 어쩐지 운동치고 너무 재밌다 했더니. 난 그 사실을 알아차리는 데 무려 5년이나 걸렸다. 무척이나 더딘 깨달음이다.

0.1초로 갈리는
발레 운명

"그날은 좀 힘들 것 같은데. 수강 신청하는 날이야."
"웬 수강 신청? 너, 나 몰래 대학이라도 다니냐?"

 학문 탐구에 나이 따위가 대수겠냐만, 아무리 그래도 대학이라뇨. 졸업한 지가 언젠데. 저는 그저 발레 학원의 수강 신청에 참여할 뿐인걸요. 친구는 내가 장난을 치는 줄 아나 보다. 내가 발레를 꾸준히 배우는 것처럼 친구도 필라테스를 열심히 하기 때문이다. 필라테스를 7년 넘게 하면서도 그녀는 이런 방식의 수강 신청은 해 본 적이 없댔다. 발레 학원에 무슨 그런 게 있냐고 갸우뚱한다.

 무언가 잘 어울리지 않는 조합이긴 하다. 더구나 정해진 시간에 맞춰 도전한다는 사실을 쉬이 받아들이지 못했다. 나 역시 수강 신청이란 단어를 들으면 대학 캠퍼스가 제일 먼저 떠오른다. 원하는 수업을 신청하기 위해 PC방에 달려가 자리를 선점해야 하는 경쟁이 바로 그것 아니던가. 그러니 친구의 반응이 전혀 이상하지 않다. 나 역시도 처음에는 선뜻 받아들이기 힘들었다. 대학생 때나 해 보던 수강 신청을 운동하면서 할 줄 어떻게 알았겠는가.

그렇다. 매달 23일은 피 튀기는 수강 신청의 날이다. 겨우 5년 차 수강생인 나로서는 이토록 치열한 경쟁이 대체 언제 시작되었는지 알지 못한다. 한 가지 확실하게 아는 건 수강 신청이 피켓팅 수준으로 어렵다는 사실이다. 피켓팅은 피가 튀길 정도로 치열한 티켓팅이란 뜻을 가진 신조어다.

공연이나 스포츠 경기 예매에 사람이 한꺼번에 몰려 난리가 난 상황을 빗대는 말이다. BTS나 나훈아의 공연을 예매해 본 적이 있다면 단박에 알 수 있다. 왜 피켓팅이라고 부를 수밖에 없는지를. 나는 공연을 좋아하는 사람이라 피켓팅이 일상과도 같지만 아무리 그래도 발레 수업 피켓팅에 참전할 줄은 몰랐다.

대망의 23일 밤 11시 30분에는 입금 순으로 수강 신청의 성공 여부가 판가름 난다. 11시 30분 00초에 입금하지 못하면 실패할 확률이 90퍼센트 아니 99퍼센트 이상이다. 매달 23일이 되면 학원에는 걱정하는 소리가 한데 모인다. 오늘 밤 수강 신청이네요. 이번에도 성공해야 할 텐데요. 성공해서 다음 달에도 꼭 만나자며 덕담을 주고받는다.

"아니 글쎄, 11시 30분 00초에 입금해도 짤리는 경우가 있대요!"

찌릿. 잠시만요 선생님, 방금 말한 그 사실이 정말로 사실인가요? 00초에 입금을 해도 순위에서 밀려난다는 사실이 정말로 사실이냐고요! 도무지 믿을 수 없는 실패담을 건너 들으면 걱정이 앞선다.

방심은 절대 금물이다. 꼭 성공하겠다는 각오를 다지며 11시 20분부터 만반의 준비를 한다. 노트북 화면에는 네이버 초시계를 켜두고 휴대폰으로 은행 앱을 연다. 손끝 터치 하나로 운명이 결정되는 순간이다. 그간의 경험으로 나름의 노하우가 생기긴 했다. 초시계가 11시 29분 59초에서 11시 30분 00초로 넘어가는 바로 그 찰나에 입금 버튼을 눌러야 한다.

그래야만 마음을 놓을 수 있다. 조급한 나머지 손이 미끄러졌다가는 11시 29분 59초에 입금하는 수가 있다. 더 볼 것도 없이 11시 30분 01초에 입금한 것보다 최악이다. 11시 29분에 입금한 수강생은 신청에서 제외되기 때문이다. 속된 말로 망한 것이다. 설마 그런 사람이 있냐고 물으신다면? 네 그럼요. 있고 말고요. 간혹 29분에 입금하여 실패하는 수강생도 심심치 않게 등장한답니다. 이런 애석할 때가.

그런 실수는 절대로 용납할 수 없다. 마음을 편하게 먹으려 애써 봐도 불안해지면 과거의 업적을 떠올려 본다. 바로 나의 피켓팅 성공 역사를 말이다. 내가 누구야, 왕년에는 물론이고 최근에도 티켓팅 성공 신화를 쌓고 있는 전문가 아니야. 어렵기로 명성이 자자한 예매전에서 성공을 거머쥔 역사가 얼마나 많았냔 말이다. 야구 코리아 시리즈 결승전도 해냈고 박효신은 물론 콜드플레이 콘서트까지 성공했던 능력자다.

어디 그뿐인가? 홍광호와 조승우의 뮤지컬 티켓팅도 뚫고 한류 아이돌 세븐틴 콘서트도 가볍게 성공한 이력이 있다. 중년의 아이돌인 나훈아 선생님의 공연도 성공하여 효도를 톡톡히 했었다. 그 어려웠던 도전을 다 해냈는데 수강 신청쯤이야 얼마든지 할 수 있다. 과거의 나는 지금의 나를 믿기 위한 디딤돌이다. 잘 해냈던 과거를 떠올리면 지금의 도전 앞에서도 괜히 자신감이 생겨난다. 발레 학원의 수강 신청은 묘하게 공연 티켓팅과 닮았다. 그렇기에 입금을 앞두고 피켓팅이 떠오르는 건 하나도 이상하지 않다.

"와, 수강 신청이 무슨 박효신 콘서트 급이야."
이런 소리가 절로 나오기 때문이다. 다를 건 또 뭔가 싶다. 수요가 많아지면 경쟁이 불가피한 것이 시장 논리이기 때문이다. 진짜를 알아보는 사람은 곳곳에 존재하니까. 10평 남짓의 작은 가게도 맛으로 소문나면 사람이 몰려든다. 대체 어떻게 알고 찾아오나 싶게 줄이 늘어서 있다. 남다르면 눈에 띄고 저절로 소문이 나는 것이다. 대중의 시선만큼 냉정하고 정확한 것도 없다.

매달 수강 신청을 앞두고 간절해지는 나를 보면 이게 무슨 짓인가 싶기도 하다. 심장 박동수가 올라가고 손까지 덜덜 떠는 나를 보면 조금 우습다.

인생에 쉬운 게 없다더니 발레 학원의 수강 신청마저 이렇게 어려울 일인가. 취미를 즐기는 데도 극복해야 할 난관이 있다니. 그런데 뭐 어쩌겠나. 이렇게 안 하면 수업을 못 듣고, 그 수업에 못 가면 아쉬운 건 나다. 언제고 어느 때고 등록이 가능하지만 재미가 없는 발레 수업은 또 싫기 때문이다.

발레 학원 가는 길

집에서 학원까지는 늘 걸어서 간다. 에어팟을 꽂고 평소 보폭으로 걸으면 15분이 걸린다. 미적거리다 늦게 나선 날은 빠른 걸음으로 10분 만에 갈 수도 있다. 그날도 여느 때와 같이 걸어서 학원에 갈 참이었는데 갑작스럽게 편의점을 들르게 됐다. 당근마켓에서 중고 물품을 판매했는데 구매자가 반값 택배 접수를 요구해서다. 직거래 시간을 조율하기가 어려워지자, 택배비를 아끼기 위해 반값 택배로 부탁을 해온 것이다. GS25 편의점에서 등록해야 하는데, 우리 집 앞에는 CU 편의점만 있었다.

어쩔 수 없이 수업에 가기 전 학원 근처의 GS 편의점을 들르기로 했다. 어차피 학원까지 가는 김에 조금만 일찍 나서면 될 일이었다. 평소에 없던 중간 지점을 거치면서 의식하지 못했던 사실을 깨달았다. 줄기차게도 언제나 같은 길로만 다녔다는 걸 말이다.

학원으로 가는 데는 여러 갈래의 길이 있다. 아파트에서 대로변으로 빠져나가는 문은 세 개가 있고 큰 길가 횡단보도를 건넌 후에도 마찬가지다. 차도 옆 도로를 통해 갈 수도 있고 골목길을 이용할 수도 있다.

그런데 오로지 길은 한 갈래만 있었다는 듯, 나의 발이 언제나 같은 길로만 향했다니. 이전에 없던 편의점을 동선에 넣었다가 '그러고 보니 이 길도 있었구나' 하고 알아차린 것이다. 매번 동일한 루트로 걸었던 이유가 무엇일까. 그 사실조차 꽤 오래 인지하지 못했던 게 새삼스럽다.

그런가 하면 명확하게 눈에 띄어 자동으로 인식되는 것들이 있다. 매번 수업 시간에 맞춰 정해진 시각에 집을 나서면 걸음걸음에 계절의 변화가 스친다. 원래 이 시간에도 이렇게 밝았었나? 불과 며칠 전만 해도 어두컴컴했는데 언제 이렇게 밝아진 거지? 여름이 되면서 해가 길어진 배경을 자연스레 알게 된다. 바닥에 떨어진 은행을 피해 걷다 보면 가을이 왔다는 걸 실감한다. 구석구석에 있는 나무가 어느새 잎을 다 떨구고 앙상해지면 겨울바람이 훅 불어온다. 찬 바람이 잠잠해지면 언제 그랬냐는 듯 흐드러지게 꽃을 피운다. 봄이 온 것이다.

계절의 변화는 반복된 일상을 통해 가장 먼저 알아차린다. 걸어서 발레 학원을 오가며 이 사실을 알게 되었다. 특히나 계절이 바뀌는 순간은 무척이나 찰나여서 따로 의식하지 않으면 금세 지나가 버리고 없다.

산책하는 사람은 매일 걷던 길가에 싹이 트는 걸 보고 겨울에서 봄으로 넘어가는 찰나를 알 수 있댔다. 주변을 둘러보고 어제와 다른 오늘을 발견하는 것, 그게 바로 산책자가 변화를 목격하는 방법이랬다. 산책과 거리가 먼 나는, 발레 가는 길을 산책으로 삼아 풍경의 변화를 알아차리고 반가워한다. 항상 그 자리에 있는 것들의 변화를 흘려보내는 일과 틈틈이 알아차리는 것의 차이는 꽤 크다. 일상을 감각으로 살아가는 느낌이다.

요즘은 좋아하는 여름밤 공기를 맡으며 발레 학원에 오간다. 겨울이 조금은 천천히 왔으면 좋겠다. 찌는 듯한 무더위가 몰아쳐도 여름이 좋기 때문이다. 추운 날에 비하면 몇 배는 참을 만하다. 한때는 지구상에서 없어지길 바랐을 정도로 겨울을 싫어한다. 언제부턴가 가을의 길목에서부터 무작정 봄을 기다린다. 그래서인지

추운 날씨를 상상하면 무더위마저 고맙게 느껴진다. 좋아하는 계절이건 싫어하는 계절이건 어느 한 계절 뛰어넘지 않고 꼬박꼬박 발레 학원에 간다.

언제까지 지금처럼 학원에 갈 수 있을까 잠시 헤아려 볼 때가 있다. 뭐든 당연하게 흘러가는 듯 해도 그 어느 하나 당연한 것이 없다는 걸 알기 때문이다. 앞으로도 내내 지금과 같을까를 셈하다 보면 새삼 꾸준할 수 있었던 현실이 기적 같다. 내가 먼 곳으로 이사를 가거나 선생님의 새로운 결심으로 학원 운영에 변화가 생긴다면, 의외의 변수로도 하루아침에 깨질 수 있는 루틴이기 때문이다.

그 무엇도 확실치 않은 세상에서 발레 가는 일상에 생기는 변화가 고작 계절뿐이란 사실을 상기해 본다. 내가 평온한 일상에 감사해하는 방법이다. 굳이 꺼내어 상기하지 않으면 어제와 비슷한 오늘은 아무것도 아닌 평범한 날 같지만, 사실 그 자리에 당연하게 존재하는 것은 아무것도 없다. 뭐가 됐건 언제고 바뀔 수 있다는 걸 다시금 떠올리면 부쩍 감사한 마음이 든다. 똑같은 거리를 계절마다 옷을 바꿔 입고 걷는다. 때때로 오늘처럼 공연히 감사해하면서 말이다.

할 수 있는 건 지금 바로

튜튜를 샀다. 소리 내서 말하면 발음마저 귀여운 튜튜. 생긴 것도 그에 걸맞게 귀엽고 예쁘다. 튜튜는 발레리나가 무대에서 입는 의상이다. 동그랗고 넓게 퍼지는 모양이 꼭 쟁반을 닮은 치마다. 누구나 한 번쯤 본 적이 있을 것이다. 발레를 시작했을 때 나의 최종 목표는 발레리나처럼 토슈즈를 신고 튜튜를 입는 것이었다.

그 꿈을 5년 만에 이루게 된 데는 다 이유가 있다. 발레의 상징과도 같은 의상을 아무 때나 입을 수는 없기 때문이다. 평상시에는 말할 것도 없고 일반 발레 수업에서도 그건 쉽게 허락되지 않았다. 경우에 맞지 않고 분위기에도 맞지 않기 때문이다. 그건 마치, 즐기자고 간 노래방에서 천만 원짜리 커스텀 마이크를 꺼내는 격이다. 그렇다면 튜튜가 허락되는 때는 언제인가. 그건 바로 작품반 수업에서 가능한 일이었다.

뭐 물론, 당장 아무 때나 돈 주고 사서 입어도 되긴 된다. 아무도 말리지 않는다. 다만 나는 좀 더 명예롭게 입을 기회를 말하는 것이다. 작품반 수업은 어느 정도 연차가 쌓여야 가능한 영역이었다. 무대에 올리는 춤을 그대로 배우기 때문에 초보자에겐 버거운 수업이다.

발레를 배우는 내내 못 먹는 감 쳐다보듯 작품반 수강생을 곁눈질로 훔쳐보며 부러워했다. 실력이 늘어야 레벨업을 하고 그래야 작품반 수업도 참여할 텐데, 도무지 앞이 안 보였다. 지금과 같은 성장 속도라면 튜튜를 입는 날이 오긴 올지 막연했다. 걱정하던 시점에 때마침 '쉬운' 작품 반 수업이 개설되었다. 드디어 도전할 때가 온 건가 싶었다.

 비록 헤맬지라도 무리해서 새로운 수업을 시도해 보고 싶었다. 원하는 건 더 이상 미루지 않고 지금 바로 누리겠다는 마음으로. 그런 결심으로 시작한 작품반 수업은 왜 진작 안 했는지 후회할 만큼 즐겁고 재밌었다. 나와 비슷한 마음으로 시작한 수강생은 여럿 있었고 우리는 그렇게 서로를 북돋우며 열심히 춤을 배웠다.

 3주 차 수업이 끝난 날 가쁜 숨을 내쉬며 정수기 앞에 옹기종기 모여 함께 목을 축였다. 물 마시는 틈을 타 누군가 조심스럽게 말을 꺼냈다.

"저어… 그런데 우리 튜튜는 안 입어요?"

 작품반 수업은 보통 8주 과정으로 진행되는데 마지

막 수업에서는 그간 배운 것을 토대로 뽐내는 시간이 있다. 미니 발표회처럼 한 명씩 차례대로 춤을 선보이는 것이다. 그녀는 바로 8주 차 마지막 수업에 튜튜를 입지 않겠냐고 묻는 것이었다. 뜬금없는 제안은 아니었다. 으레 그렇게 하기 때문이다. 누구보다 그 말에 귀가 쫑긋한 건 나였다.

"저요. 저요!! 저 완전 입고 싶어요."

마음 같아서는 어깨를 붙들고 소리치고 싶었다. 그녀가 쭈뼛쭈뼛하는 이유를 나는 대강 짐작할 수 있었다. 무척 입고 싶지만 혼자서는 부끄러우니 같이 입어서 수줍음을 덜고 싶은 마음일 것이다. 그건 나의 심정이기도 해서 쉽게 알아챌 수 있었다.

.

"맨날 틀리면서 옷에만 관심 있다고 혼나겠어요."

이 말까지 보태는 걸 보니 그녀는 나 못지않게 부끄럼을 타고 눈치를 보는 사람인 듯했다. 아무렴 좋았다. 그렇게 우리는 함께 인생 첫 튜튜를 사게 된 것이다. 8주 차 마지막 수업에서 꿈에 그리던 튜튜를 입을 수 있었다.

태어나서 처음으로 입어본 우주선 모양의 치마는 조금 이상한 데가 있었다. 분명 옷이지만 옷이 아닌 것 같달까. 마치 사람들 앞에서 엉덩이로만 춤을 추는 기분이었다. 엉덩이는 홀랑 다 내놓고 머리만 처박은 채 숨어 있는 꿩 같기도 했다. 통통한 엉덩이를 드러내고 춤을 추려니 얼굴이 빨개졌지만, 왜인지 모르게 가슴이 뛰었다.

나는 그날 그깟 치마 하나 입는데 두렵고 부끄러운 마음은 얼마나 쓸모없는 것인지를 몸소 깨달았다. 비록 춤을 엉망으로 출지라도 튜튜를 입는 행복까지 유예할 필요는 없다. 행복을 미루고 싶지 않았다. 더구나 지금 당장 입어야 하는 이유가 또 있었다. 현재의 나보다 뛰어나게 잘하는 나를 언제 만날지 확신할 수 없기 때문이다. 튜튜를 입고도 실력에 한 점 부끄럽지 않을 날이 당최 언제 올지 알 수가 없었다. 어쩌면 영영 안 올지도 몰랐다. 두 번째 튜튜는 좀 더 실력을 쌓은 후에 사겠다는 그녀에게 나는 말했다. 저는 그냥 바로 사고 싶어요.

"잘할 때까지 기다리면 평생 못살 것 같아요. 어차피 그런 날 안 올 것 같아서요."

다음 달 수업에서는 나 홀로 튜튜를 입을지언정 아무 거리낌 없이 그래보고 싶었다. 고작 튜튜를 사서 입는 일쯤이야 손쉽게 현실로 만들 수 있는 행복이기 때문이다. 나의 패기가 전염된 건지 얼마 후 그녀는 말을 바꾸었다.

"저도 그냥 살래요. 지현 씨 주문할 때 내 것도 같이 좀 해 줘요."

이 튜튜로 말할 것 같으면 첫 번째로 사려다가 터무니없이 비싼 가격 때문에 리스트에서 잠시 밀려났던 문제의 튜튜다. 역시 실력에 비해 과하다는 걱정 때문에 덜컥 사지 못했었다. 맞춤 제작인 데다가 해외 배송 상품이라 무려 21만 원이나 값이 나가는 튜튜다. 함께 사서 배송비 할인을 받게 된 치마는 아마 3주가 지나면 우리에게 올 것이다.

예쁘고 비싼 튜튜가 오면 다음 달 수업에서는 조금 더 당당하게 춤을 추고 싶다. 실력에 비해 과한 옷차림일지라도 주눅들지 않고 마음껏 그래 보고 싶다.

취미는 발레랍니다

세상의 모든 경험은 그것을 겪기 전과 후로 일종의 경계를 만들어 낸다. 경험이 왜 중요한가에 대한 답의 근거가 바로 거기에 있다. 겪어 보지 않고는 상상력을 펼칠 수 없기 때문이다. 그렇기에 사람은 책을 읽고 사람을 만나고 세상 사는 이야기에 귀를 기울인다. 콘텐츠를 즐기는 데에는 그런 이유가 있다고 믿는다. 이야기야말로 간접 경험의 한 형태이니 말이다. 류시화 시인은 어떤 책에서 이런 말을 했다. 한 존재를 아는 것은 한 세계를 끌어안는 일이고, 누군가를 사랑한다는 것은 무한한 세계를 사랑하는 것이라고.

나 역시 숱한 경험을 통해 많은 깨우침을 얻었다. 직접이냐 간접이냐가 꼭 중요하지는 않았다. 때로는 눈앞에서 목격한 것으로 배웠고, 여기저기서 들려오는 정보를 통해 배우기도 했다. 어찌 됐든 콩알만큼 작았던 세계가 체험을 통해 한 뼘 한 뼘 넓어졌고, 그렇게 삶의 영역을 확장하며 살고 있다.

취미로 시작한 발레도 그중 하나다. 왜냐하면 발레를 배우면서 삶이 한층 풍요로워졌기 때문이다. 무한한 세계를 사랑한다는 게 어떤 의미인지 어렴풋이 알게 되었다. 계속해서 새로운 재미가 튀어나오는 경험을 하고 있기 때문이다. 일종의 사건이라고나 할까. 발레를 바라보는 시각의 차이는 그것을 배우기 전과 후로 명확하게 갈린다.

우선 상식의 측면에서 보면 이렇다. 나에게는 '발레' 하면 곧바로 떠오르는 일종의 이미지가 하나 있었다. 그건 아름답고 우아한 발레리나가 발끝으로 서 있는 모습이다. 어릴 적 TV에서 발레리나를 본 적이 있는데, MC가 이렇게 묻는 것이다.

"여기서 발끝으로 서는 거 보여줄 수 있나요?"
다들 궁금해서 호들갑을 떨며 쳐다보니 무용수는 말했었다.
"그건 슈즈가 있어야 할 수 있어요. 여기서는 못해요."

일제히 기대하다가 실망하는 표정이 나오곤 했는데, TV를 보는 나 역시 마찬가지였다. 무려 발레리나인데 아무 데서나 발끝으로 설 수 없다고 하니 그녀의 실력을 의심하기까지 했다. 내가 가진 발레 상식이 그만큼이나 형편없었던 거다. 발가락으로 땅을 짚고 서는 게 발레의 전부인 줄 알았다.

도움 장치 없이 발끝으로 서는 건 발레가 아니라 차력에 가깝다. 천하의 강수진 발레리나도 슈즈 없이 발가락만으로 설 수 없다. 흔히 토슈즈라고 불리는 포인트 슈즈가 있어야 발끝으로 설 수 있는 것이다. 슈즈만 있으면 몇 년 차 취미 발레인도 어렵지 않게 해낼 수 있다. 막상 배워보니 발끝으로 잠깐 서는 건 발레 축에도 못 낀다. 온몸으로 춤을 추는 예술을 고작 발끝으로 서는 차력 정도로 치부했던 것이다.

단순한 상식인데도 직접 배우기 전에는 조금도 몰랐다. 발레는 결코 그런 예술이 아니다. 얼마나 아름답게 춤을 추는지, 대사 없이 풍부한 감정선을 어떻게 몸으로 잘 표현하는지, 힘든 동작도 흔들림 없이 잘 구현할 수 있는지 등등. 정작 중요한 요소는 따로 있었다.

재미의 측면에서도 확연히 달라졌다. 몇 년 전만 해도 〈호두까기 인형〉을 보러 가자던 친구에게 놀라던 사람이었다. 당시만 해도 친구가 장난을 친다고 믿었다. 마치 초밥 먹으러 일본 가자는 제안처럼 터무니없었기 때문이다. 그만큼 발레 공연은 나와 동떨어진 세계였다. 공연이라면 뮤지컬, 콘서트, 연극을 가리지 않고 좋아했음에도 유독 발레는 뒷전이었다. 대사 한마디 없이 춤만 추는 걸 무슨 재미로 본단 말인가.

발레 공연을 떠올리면 따분해서 하품을 하던 내가 지금은 눈을 동그랗게 뜨고 집중하게 되었다. 해가 바뀌면 국립발레단과 유니버설발레단의 1년 치 무대 일정을 찾아서 기록해 두는 사람으로 바뀌었다. 티켓을 들고 공연장으로 향할 때면 발걸음에도 설렘이 묻어 나온다. 가장 행복한 순간은 당연히 직접 공연을 관람하는 시간이다. 아름다운 춤사위에 감탄하다 보면 어디에서도 느끼지 못했던 감동이 피어오른다. 몸짓만으로 사람을 감동시킬 수 있다는 걸 나는 처음 알았다. 거들떠보지도 않던 발레 공연에 푹 빠진 것이다. 무언가를 좋아하면 반드시 그런 일이 생겨난다. 삶의 영역이 나도 모르는 사이에 확장되는 것이다.

좋아하는 대상이 있는 사람의 삶은 풍요롭다. 발레를 알게 된 후 나의 일상은 한층 풍성해졌다. 수업에 집중하고, 좋은 음악을 알게 되고, 멋진 공연을 보는 일상은 오직 발레만 가져다줄 수 있는 즐거움이다. 취미를 시작하지 않았다면 절대 몰랐을 기쁨이다.

발레를 배우지 않았다면, 나는 공연 한 번 보지 못한 채로 생을 마감했을 것이다. 그 사실을 떠올리기만 해도 얼마나 아쉽고 서운한지 모른다. 뭐 발레 공연이 죽기 전에 꼭 경험해 볼 만큼 대단한 것이냐고 따져 물을 수도 있겠지만 말이다.

가끔 무기력하고 삶에 의욕을 잃었을 때는 꾸준히 즐기는 무언가가 있다는 사실 하나로 나는 이겨 낼 힘을 얻었다. 힘든 마음을 고작 취미 하나가 달래주기도 한다는 걸 알게 되었다.

"여러분!! 더 잘할 수 있어요!! 포텐셜이 있어 누구나!!"

수업 중에 무심코 들었던 선생님의 격려에도 다친 마음에 살이 차올랐고, 오며 가며 만나는 수강생의 웃음으로 마음에 온기가 들었다. 맥없이 누워만 있는 나날이 이어지면서, 하루가 의미 없이 흐르는 것 같아 조바심이 날 때도 발레 수업이 마치 징검다리 같은 역할을 해주었다. 그래도 정해진 요일과 시간에 나에게도 할 일이 있다고 영역 표시를 해 주는 다리였다.

사랑하는 대상이 있다는 건 힘들어도 위로 받을 안식처가 있는 셈이다. 취미에 흠뻑 빠지는 건 스스로 안식처를 마련하는 일 같았다. 발레를 즐겨야만 인생이 더 풍부해진다고 말하고 싶은 건 아니다. 삶의 방식을 수동에서 능동으로 바꿔 주는 '무언가'가 더없이 중요하다고는 말하고 싶다. 인생을 확장해 주는 경험이 나에게 발레이듯, 누군가에게 그건 축구이고, 달리기일 수도 있고, 필라테스이기도 하며, 주짓수가 될 수도 있을 것이다.

결석할 때 남기는 말들

한동안 박효신 앓이를 했었다. 얼마나 심했었냐면, "흑ㅠ 박효신..." 하고 잠들었다가 "흑흑ㅠ 박효신..." 하고 일어나는 수준이었다. 사랑은 교통사고라더니, 내가 열병을 앓게 되다니. 상대가 박효신이라는 점에서 사고라는 표현이 꼭 들어맞았다.

줄곧 성시경을 좋아했고 박효신에게는 관심이 없었기 때문이다. 굳이 말하자면 내 스타일은 아니었다는 말이다. 그런데 별생각 없이 갔던 콘서트에서 흠뻑 반해버린 것이다. 성시경보다 박효신에게 더 마음이 흔들릴 줄은, 그런 날이 올 거라고는 전혀 예상 못 했다.

인생이란 도대체 무얼까. 결과를 미리 알고서 선택할 수 있다면 한결 수월할 것 같다. 누군가 나타나서 이렇게 묻는 거다.

"당신은 곧 박효신의 콘서트에 가게 됩니다. 다녀오면 일상생활이 힘들 정도로 푹 빠질 텐데요. 그래도 가시겠습니까? 고민해 보고 결정하세요."

삶의 곳곳에 이런 힌트가 도사리고 있다면 얼마나 좋을까. 크고 작은 선택 앞에서 덜 고민할 수 있을 것 같은데. 그렇다면 그건 애초에 인생이 아닐 테지.

제아무리 대단한 공연이어도 결국 찰나다. 콘서트가 끝나면 오빠의 목소리는 신기루처럼 사라지고 없다. 그때부터 음원을 듣거나 라이브 영상을 찾아보면서 어떻게든 그때의 감동을 불러오려고 발악한다. 물론 헛수고다. 이런 공허함 때문에 〈연극이 끝나고 난 뒤〉라는 노래가 탄생한 것 아닐까.

기대했던 명곡을 꽤 많이 불러 줬는데 그 곡들 틈으로 유달리 좋았던 노래가 있었다. 콘서트를 다녀오니 의외로 〈Gift〉라는 곡이 남은 것이다. 보통으로 좋아했어도 라이브로 듣고 나면 유별나게 좋아지는 곡이 있다는 걸 알았다. 어찌나 감동이었는지 몇 년이 지난 지금까지도 한 번씩 흥얼거린다. 특히 이 부분.

"오늘의 하늘~은~ 내게 누군가가 두고 간 선물 같아. 어제보다 더 따뜻해~."

부르다 보면 그때의 감동이 또 새롭게 되살아나고 만다. 〈Gift〉의 멜로디를 사랑하는 만큼 가사도 사랑해서 틈만 나면 흥얼거린다. 누군가가 두고 간 선물 같은 순간을 마주할 때마다 자꾸만 나도 모르게 "오늘~~의 하늘~은~" 하면서 노래를 부르고 싶어지는 것이다.

발레를 하면서도 한 소절 뽐내고 싶은 순간이 얼마나 많은지 모른다. 그건 우리 학원에 특별히 존재하는 '결석계'라는 제도 덕분이다. 모든 반의 정원이 12명으로 제한되어 있어 생겨난 규칙이다. 결석이 불가피할 때 수업 시작 4시간 전까지만 알람을 하면 1회 보강권을 얻을 수 있는 제도다. 무단으로 결석하면 공석이 생기지만 미리 고지하면 대기자에게 수업 기회가 돌아간다.

열심히 노력해도 결석을 한 번도 안 하고 수업에 임하기란 쉽지 않다. 성인이 되어 학원을 한 번이라도 다녀본 적이 있다면 결석이 얼마나 흔하고 빈번한 일인지 알 수 있을 거다. 그리하여 바쁘고 미쁜 현대 사회인의 사정을 살피고자 결석계 제도가 도입된 것이다. 자신의 수업을 다른 수강생에게 양보한 점을 높이 산다고 하면 적절하려나.

누군가는 그게 뭐 그리 특별하냐고 물을지도 모르겠다. 단순히 거기서 그쳤다면 '갓효신' 노래를 부르고 싶었을 리가 없다. 이 제도가 특별한 데는 원장 선생님의 아량과 더불어 이것을 허투루 쓰지 않는 수강생들의 마음 씀씀이에 있다. 사실상 결석계 따위 무시한 채 마음껏 빠져도 아무 문제 없다. 내 돈 내고 등록한 수업을 내 마음대로 빠지겠다는데 안 될 게 뭐가 있겠는가. 실제로 그렇게 하더라도 수강료를 날리기는 하겠지만 누가 잡아가는 것도 아니다.

그럼에도 대다수가 꼬박꼬박 결석계를 제출한다. 자신의 빈자리를 다른 수강생에게 내주기 위함이다. 앞서 언급했듯이, 우리 학원의 수강 신청은 전투를 방불케 하는 수준이라 나의 빈자리가 누군가의 기회라는 걸 아는 것이다. 오늘의 수업은 누군가가 두고 간 선물이나 마찬가지다. 그야말로 노래 가사가 딱 들어맞는 순간이 아닐 수 없다. 그래서인지 늦은 결석계를 제출하면서 미안해하는 수강생을 왕왕 볼 수 있다.

"선생님 당일 결석계 죄송합니다. 갑자기 급한 일이 생겨서요." , "선생님 ㅠㅠ너무 늦어서 죄송합니다ㅠ 웬만하면 가려고 했는데 몸이 안 좋아졌어요"

수업에 임박해서 하는 결석 공지를 미안해하는 것이다. 보강권 1회를 얻기 위해서는 '수업 시작 4시간 전'에 알려야 한다는 규율이 있다. 그 때문에 수업 시작을 얼마 안 남기고 결석을 알려봤자 이미 보강권과 상관이 없는데도 송구스러워하는 거다. 결석으로 인해 생기는 공석을 누군가의 기회로 여길 줄 아는 자만이 보여 줄 수 있는 태도다. 자신의 이익보다는 타인의 손해에 더 신경 쓰는 귀한 마음, 그런 따뜻함은 자연스레 나를 물들인다.

나는 개근과 거리가 멀어서 수업에 빠지고 싶은 충동이 틈만 나면 솟아난다. 꾸준히 발레를 해 오면서 수업 시작 1시간 전, 갑자기 학원에 가기 싫어질 때가 얼마나 많았는지 모른다. 그럴 때마다 결석계에 담긴 따뜻한 말들이 나를 일으켰다.

오늘의 발레 수업을 누군가는 손꼽아 기다릴 수 있다는 사실을 상기하면 벌떡 일어날 수 있었다. 고작 이 변덕 때문에 수업을 제친다면 비싼 빚을 지는 것 같아서다. 나의 지속적인 발레 생활의 원동력이 무엇인지 종종 생각하는데, 2할 정도는 수강생들의 귀한 마음과 열정이 아닐까 싶다.

최저가 비교는 괜찮지만

발레를 막 시작했을 무렵의 나는, 강남역 출구 앞에서 도를 아느냐 묻는 이들과 별반 다르지 않았다. 그맘때쯤의 내가 딱 그 형상이어서다. 실제 의도와 동기는 그들과 달랐을지언정 겉으로 보이는 열정만큼은 비슷했다는 이야기다. 보는 사람마다 붙잡고 발레가 얼마나 매력적인지 전도하지 않고는 못 배겼다.

도를 믿는 자들이 노룩패스로 무시당하듯 나도 그 지경이 되자 조금 자중하기로 했다. 안타깝게도 내 말을 듣고 발레를 시작한 사람은 아무도 없었다. 이토록 재밌는 걸 혼자서 하려니 얼마나 아쉽던지.

무언가를 너무 사랑하게 되면 마음에만 고이 모셔두기가 힘들다. 어떻게든 그 마음을 밖으로 꺼내어 보여주고 싶기 때문이다. 누군들 붙잡고 즐거움을 전파할 만큼 발레에 미쳐 있었는데, 과거의 설렘이 까마득하다. 그 시절의 내가 사라져 버린 것 같다.

똑같은 일상이 지루함을 몰고 오듯 발레 루틴도 비슷하게 반복되자 열성과 재미가 조금 꺾였다. 제아무리 사랑했어도 결국엔 그렇게 된다. 설레는 마음으로 발레하는 날을 기다리던 나에게도 필연적으로 권태가 찾아왔다. 기초반을 전전하며 똑같은 학원을 오가다 보니 피할 재간이 없었다.

실력도 만년 제자리인 데다가 환경도 변화가 없으니 당연한 걸지도 모른다. 어차피 학원 가봐야 오늘도 쁠리에 하다가 그랑 바뜨망하고 그러겠지 뭐. 나도 난생처음 보는 어려운 동작을 배우고 싶었지만 여전히 기초반을 전전하는 게 현실이었다. 몇 가지의 단순 동작만 반복하려니 수업 중에도 하품이 나올 지경이었다.

일상의 지루함을 덜어 내는 데에 저마다의 방법이 있을 것이다. 취미 발레인에게도 자신만의 권태 해결법이 있었다. 이럴 때 내리는 처방 중 하나로 '원정 발레'가 있다. 축구 경기에서 홈이냐, 원정이냐를 논할 때 사용하는 그 단어를 빌려 온 용어다. 쉽게 말해서 원래 다니는 학원이 '홈'이라면 그 외의 학원은 모두 '원정'인 것이다. 먼 곳으로 발레하러 떠나는 행위 자체를 '원정 발레'라 부른다. 취미인들끼리 통하는 용어라고 생각하면 쉬울 것이다.

이 개념을 처음 알게 된 건 〈레오타드를 입는 사람들〉 카페를 통해서였다. '원정 발레 후기'는 카페 회원들의 단골 게시글이기도 했다. 너도나도 다른 학원을 체험하고 나서 꼼꼼하게 후기를 공유해 주었다.

〈ㅇㅇ 학원으로 원정 다녀왔어요〉 회원들이 남긴 생생한 후기는 구경하는 맛이 났다. 후기를 읽고 나서 궁금해진 학원은 언젠가는 꼭 가 봐야지 하면서 끄적끄적 메모해 두었다.

사람들은 참으로 대단하지. 취미 발레인에게 한국이란 무대는 너무나 좁았던 것이다. 이들은 미국, 호주, 유럽, 태국 등. 국내뿐 아니라 세계적으로 발레 열정을 뻗어 냈다. 나는 누구보다 해외 여행을 많이 한 사람이었지만 해외 각지를 누비면서 발레 학원에 찾아가 볼 생각은 추호도 못 했다.

역시 나는 크게 될 인간은 아닌듯했다. 시야가 이렇게나 좁아서 되겠나. 해외에서도 발레를 할 수 있단 생각 자체를 왜 못했을까. 숱하고 뻔질나게 갔던 해외 여행지에 시간을 돌려 다시 가고 싶은 심정이었다. 그러면 그

중에 하루는 꼭 발레 학원을 체험하며 보낼 것이다. 이미 지난 시간을 돌이킬 수는 없다. 아쉬운 대로 당장 가능한 곳에 다녀오기로 한다. 비록 해외로 가지는 못해도 서울의 학원 몇 곳은 충분히 가능한 범위였다. 권태가 찾아온 지금이야말로 최적의 상황이다. 미루기만 하던 원정 발레에 도전할 딱 알맞은 시기였다.

 메모장에 적어둔 학원 리스트를 훑어보다 국립발레단 아카데미에서 시선이 멈춘다. 멀지 않은 거리가 일단 합격이고, 보다 더 내 마음을 흔드는 게 있었는데 그건 바로 실시간 피아노 연주였다. 발레 수업과 떼려야 뗄 수 없는 게 음악인데 그걸 라이브로 들려준다는 사실이 무척이나 매력적이었다. 미리 찾아보니 무용실 안에는 진짜로 그랜드 피아노 한 대가 함께 있었다. 피아노 연주를 사랑하는 나에게 천국과도 같았다.

 이게 꿈이야 생시야 하면서 두 눈으로 직접 보기 전까지 믿을 수 없다는 심정이었다. 좋아하는 발레와 피아노가 공존하는 곳이라니. 기대감을 안고 국립발레단으로 첫 수업을 들으러 갔다. 출근하는 발레리나의 마음으로 아카데미에 갔다.

옷을 갈아입고 무용실에 들어가 매트를 깔면서 나는 조금 놀랐다. 누가 시키지도 않았고 아무도 그러라고 한 적이 없는데 자동 반사로 우리 학원이 떠올랐기 때문이다. 탈의실과 무용실의 상태를 보며 이런 생각을 했다.

'어? 우리 학원은 탈의실이 되게 예쁜데… 여긴 좀 낡았네', '어? 우리 학원은 매트를 직접 챙겨올 필요 없는데… 여기는 가져와야 하네' 참 신기하고 자연스러운 일이었다.

수업 시작 후에도 마찬가지였다. 생생하게 라이브로 흘러나오는 피아노 연주를 들을 때는 '와… 여기는 피아노로 직접 연주해 주니까 진짜 힐링 된다.', '귀가 호강하는 기분이야.' 자연스레 평가가 이뤄졌다. 수업 중반쯤에는 '우리 학원은 최대 12명이 제한인데 여기는 못해도 30명이 넘는 거 같아', '사람이 많으니까 선생님이 세세하게 잡아주질 못해서 아쉽다.' 이런 식의 부정적인 평가도 뒤를 이었다. 우리 학원의 좋은 점과 아쉬운 점을 찾아내려고 날아온 스파이가 된 기분이었다.

집에 돌아가면서 문득, 내게도 참 치사스러운 구석이 있구나 생각했다. 나는 철저하고 냉정하게 평가질하면서 이득을 계산하고 결정하는 사람이었다. 그러고 보니 마음에 드는 물건을 곧바로 사는 일이 잘 없다. 충동구매를 하지 않는 현명한 소비자라서가 아니라, 가격 비교 없이 물건을 사면 손해를 보는 것 같아서다.

모델명 검색을 시작으로 각종 사이트를 드나들며 쿠폰을 찾고 카드사 할인까지 샅샅이 뒤진 후에 최저가로 결제해야만 만족했다. 엄친딸, 엄친아의 존재가 폭력적인 건 바로 이 때문이다. 비교는 인간의 간사한 본능이기에 그것을 마주하기 불편한 것이다. 더구나 비교의 잣대에 내가 놓인다면 결코 유쾌할 수 없다. 직접 해 봐서 얼마나 치사한 지를 알기 때문에 더욱 싫을지도 모른다. 그렇지만 막상 비교만큼 신속하고 정확한 판단의 근거가 또 없긴 하다.

그런데 가만 보니 나는 남한테만 치사한 잣대를 들이밀고 끝나는 게 아니었다. 누구보다 스스로에게 자주 폭력을 일삼는 걸 깨달았다. 팔다리가 얇고 곧게 뻗은 수강생을 보면 짧고 통통한 나의 몸에 괜히 주눅이 들었고, 내가 겨우 15도로 다리를 들어 올릴 때, 90도로 쭉쭉 뻗은 옆 사람을 보면 침울해졌다.

수업이 끝나고 발레복이 땀으로 흠뻑 젖은 수강생을 부러워한 적도 있다. 땀이 없는 체질 탓에 아무리 열심히 해도 나의 몸은 언제나 뽀송뽀송했기 때문이다. 나도 저렇게 온몸으로 열정의 흔적을 남기고 싶었다.

수업 도중에 자신이 없을 때도 자꾸만 주변을 살핀다. 간혹 순서를 완벽하게 외우지 못하면 초조해져서 힐끔힐끔 옆을 본다. 차마 당당하게 베끼지는 못하고 곁눈질로 훔쳐본다. 그렇게까지 했음에도 결국 틀려 버리고 되레 내가 하려던 순서가 맞았을 때, 그냥 내 느낌대로 할걸 후회가 밀려온다. 하필이면 틀리게 한 수강생을 엿본 것이다. 내 페이스로 밀고 나갔다면 적어도 자책은 안 할 텐데. 옆 사람을 따라 한다고 해서 꼭 맞는다는 보장이 없다. 인생에서도 확신이 없으면 자꾸 남을 기웃기웃하는 것처럼, 발레 수업에서도 꼭 그렇다는 걸 새삼 알아챘다.

언젠가 선생님은 이렇게 소리친 적이 있다.

"여러분 다른 사람과 비교하지 마세요!! 어제의 나와 비교하세요!!"

눈물 맺힌 수강생을 위로하려고 그런 말을 했었다. 뜬금없지만 그날의 목소리가 되살아나 나에게 다시 말을 거는 듯했다. 덧붙여, 타인과 나의 비교는 물론이고 나와 나를 비교하는 일도 안 하고 싶었다. 선생님은 어제의 나보다 더 나아졌다면 그걸로 만족하라고 했지만, 어제의 나와 오늘의 나를 비교하는 것도 그만해 보고 싶었다. 어제 못했다가 오늘 잘할 수도 있는 거지만, 어제 잘했으면 오늘은 조금 엉망이어도 괜찮을 것 같아서다. 엉망진창이어도 그냥 괜찮으면 어떨까 싶었기 때문이다.

발레할 때는
귀여워지는 나

귀엽다는 칭찬을 처음 들었던 게 언제더라. 내가 정확히 인지하는 시점은 중학생 때다. 존재 자체로 귀여웠을 아기 시절에는 당연히 넘치게 듣고도 남았겠지만, 그때의 기억은 없으니 빼도록 하겠다. 10대 시절에는 왕왕 이성에게 귀엽다는 말을 듣곤 했다. 그런 말을 들으면 볼이 발그레 물들고 괜스레 부끄러웠다. 오, 내가 좀 귀여운가? 마냥 좋아하다가 누군가의 한마디에 와르르 무너졌던 기분도 뚜렷하게 기억한다.

"야, 원래 못생긴 애들한테 귀엽다고 하잖아~", "예쁘단 말이 애매하니까 예의상 귀엽다고 하는 거야~"

그런 말을 듣고 집에 가서 거울을 한참 들여다봤다. 정말로 못생긴 사람한테 귀엽다고 해 주는 건가. 하긴, 예쁜 사람한테는 보통 예쁘다는 칭찬으로 충분한 듯했다. 그래서일까, 그 뒤로 비슷한 칭찬을 들으면 마냥 들뜨기보다는 시무룩한 표정을 지었다. 나에게 귀엽다는 말은 완벽한 칭찬으로 여겨지지 못했다.

귀여워용, 귀엽다, 귀욤귀욤, 쏘 큣, 1 더하기 1은 귀요미.

음... 아무래도 어딘가 좀 모자람이 어울린다. 서툴고 부족한 이미지와도 잘 연결이 되는 듯하다. 당당하게 고백하자면 발레 수업 때의 나는 차고 넘치게 귀엽다. 아니 귀엽지 않고는 배길 수가 없다. 언제나 한결같이 엉망진창으로 하기 때문이다.

나만의 착각이면 좋겠지만 선생님한테 확인 사살을 당한 적도 있으니 분명한 사실이다. 한동안 건강 문제로 수업 진행이 어려웠던 선생님은 잠시 다른 강사에게 수업을 맡기고 휴식 기간을 가졌었다. 새로운 강사님과 함께하며 선생님과 다시 만날 날을 기다렸다.

어느 날 선생님과 메시지를 주고받다가 용기를 내서 마음을 전한 적이 있다. 갑작스럽게 자리를 비운 상황을 너무 걱정하는 선생님이 편안하게 쉬길 바라면서 말이다. 혹여나 저를 비롯한 수강생들의 염려는 하지 말고 괜찮아질 때까지 원 없이 푹 쉬다가 돌아오시라고 했다. 선생님도 늘 하던 수업이 없으니 허전하다며 얼른 가서 수강생을 만나고 싶다고 했다.

"우리 반 귀요미 지현 씨도 얼른 보러 가야 하는데"

엇, 내가 우리 반 귀요미라고? 훗, 그런가. 꼭 애칭 같기도 하고 친밀함이 담겨 있는 표현 같아서 씨익 웃게 되었다. 이내 반복된 과거를 마주하는 기분이 들어 옅게 슬픔이 깔렸다. 역시 그렇지, 나는 귀요미일 수밖에 없잖아. 무용실 거울에 비친 나를 보면 납득이 바로 되고도 남는다.

아름답고 예쁜 동작을 숱하게 배워도 매번 서툴기 때문이다. 어떤 때는 웃음 참기 챌린지에 도전하는 것 같다. 한 다리로 서서 반대쪽 다리를 천천히 들어 올리면 바들바들 다리가 후들거린다. 사시나무 떨듯 몸이 흔들려도 스스로 제어할 수가 없는 모습은 귀여울 수밖에. 남들은 하나도 안 틀릴 때, 혼자 순서를 헷갈려서 갈피를 못 잡는 나를 본다. 오른쪽을 한 번 봤다가 왼쪽을 한 번 봤다가 두리번거리다 음악이 끝난다. 도리도리하다가 동작을 마친 내 모습은 또 어찌나 귀여운지.

몇 번을 생각해 봐도 역시 귀여움은 프로페셔널과 전혀 어울리지 않는다 조성진이나 손열음 피아니스트를 보라. 그들이 심취해서 피아노를 터치할 때는 경외감이 든다. 연주에 집중을 안 하는 게 더 어렵고 당장 기립박

수를 치고 싶다. 피아노 치는 조성진을 보고 그 누가 귀엽다고 생각할까. 귀요미란 말이 어디 가당키나 하냔 말이다. 귀엽다의 기역도 삐져나올 틈이 없다.

손흥민 선수가 상대편 수비를 뚫고 멋지게 골을 넣는 모습을 보라. 쏜살같이 달려서 완벽하게 슛을 날리는 쏘니를 보면 짝짝 박수가 절로 나온다. 그토록 멋진 선수에게 큐트하다는 칭찬을 대체 누가 할 수 있겠는가. 자칫 실례가 될지도 모를 일이다.

발레 동작을 구현하는 내가 조금도 귀엽지 않고 멋있게 보이는 날이 과연 올까. 희망적이지는 않다. 5년을 배우는 동안 멋졌던 순간은 한 번도 없었기 때문이다. 귀엽고 깜찍한 내가 한순간에 멋져질 수는 없을 거다. 여기서 추가로 5년의 세월이 더해진다고 한들 나아질지도 미지수다. 그런 건 의지와 욕심으로 이룰 수 없기 때문이다. 제아무리 노력해도 안 되는 일이 있기 마련이다. 될 때까지 포기하지 않는 태도만큼 멈출 수 있는 용기도 멋있는 법이다.

불타는 의지만으로 성공할 수 있다면 세상에 못 할 게 무언가. 매일 물 떠다 놓고 의지만 다지면서 살아도 하늘에서 돈이 떨어지고 쌀이 떨어져야 맞지 않은가. 나의 한계를 섣불리 규정짓지 않는 것도 중요하지만, 가망 없는 일에 너무 많은 에너지를 쏟는 것만큼 낭비도 없다.

  열심히 노력하면 안 되는 게 없다는 말은 순전히 거짓말이다. 아마, 당분간은 쭉 귀엽게 발레하는 사람으로 남아 있을 것이다. 그렇지만 슬프지 않다. 서투르고 모자란다는 걸 인정하고 받아들였기 때문이다. 그런 수용이 있었기에 발레를 꾸준히 배울 수 있었다.

'발레 바'는
같이 좀 옮깁시다?

우리 학원의 무용실 면적은 40평쯤 된다. 텅 비었을 때는 광활하지만 열댓 명이 입장하면 확 좁아진다. 밀폐된 공간에서 부대끼면 서로가 서로에게 영향을 준다. 나는 어딜 가든 눈에 띄지 않게 슬쩍 들어갔다가 또 아무도 모르게 빠져나오고 싶은 사람이지만 발레 학원에서는 그게 쉽지 않았다. 더구나 같은 학원을 5년째 드나들며 눈에 띄지 않기란, 유령이면 모를까 여간 어려운 게 아니다. 사람이 사회적 동물이라는 걸 취미를 즐기면서 납득하는 중이다.

나 역시 다른 수강생을 없는 사람 취급하기 어렵다. 그러기에는 너무 내 눈앞에 있으므로. 같은 장소에서 같은 사람을 꾸준히 마주치면서 깨달았다. 인간은 자기도 모르는 새에 인성을 흘리고 다니는 존재라는 걸 말이다. 배려라고는 눈곱만큼도 없는 수강생을 보고 알아챈 것이다. 제아무리 숨기려 해도 자신의 생활 반경에 인성을 흘리는 게 자연스럽다. 우리 학원에는 사려 깊은 수강생이 대부분이지만, 민대편에 있는 수강생에 관해 잠깐 이야기하고 싶다.

내가 목격한 '배려 없음'의 실상은 다소 자잘하다. 얼마나 사소하냐면 수업 진행에는 손톱만큼도 방해되지 않는 정도다. 이를테면 '발레 바'를 옮기는 일 따위다. 기다란 막대처럼 생긴 바는 발레 수업의 필수 도구다.

수업 때마다 중앙으로 옮겼다가 다시 구석으로 치우는 두 번의 과정이 꼭 필요하다. 직접 사용하는 만큼 가벼운 수고는 당연히 우리 몫이다. 어떤 운동을 하든 내가 쓸 도구는 직접 챙기는 것이 인지상정 아니겠는가.

가늘고 기다란 형태라서 보통은 양쪽 끝을 잡고 두 명이 함께 옮긴다. 백지장도 맞들면 낫듯이 함께 옮기기 때문에 무겁지 않다. 다만 조금 귀찮을 수는 있다. 그래서인지 힘을 모아 4개의 발레 바를 차례로 옮기는 순간에 날름 뒤로 빠지는 수강생이 있다. 가만히 서 있거나 화장실로 피하면 걸리적거리지라도 않지. 중앙에 떡하니 있으면 부딪힐까 봐 신경이 쓰인다.

굳이 그 타이밍에 다른 수강생은 투명 인간 취급을 하며 턴 연습을 하는 건 왜일까. 그래 놓고 이미 옮겨진 발레 바로 슬금슬금 다가와 자리를 잡고 선다. 얄밉다.

누구는 몸만 움직이면 편한 거 모르나. 이런 건 암묵적인 배려인데, 저렇게 깡그리 무시하다니. 귀찮고 자질구레한 임무는 대수롭지 않다는 듯 쏙 빠져 버리는 얌체 같은 인간을 학원에서 만날 줄 몰랐다.

그런 이들의 '배려 없음'은 수업 중에도 이어진다. 무용실 뒤쪽 구석에는 땀 닦는 수건, 스트레칭할 때 입는 땀복, 음료를 담은 텀블러 등이 쪼르르 놓여 있다. 사각지대라 수업 중에는 쓸모없는 공간이지만 간혹 근처를 지날 때가 있다. 다른 이의 소지품이 놓인 곳을 지날 때 발에 뭐가 치이건 말건 아무렇게나 걷는 사람이 있다. 그러다 발에 채면 툭 쳐서 제자리에 놓기도 한다. 사뿐사뿐 걸을 수는 없는 걸까. 이 정도 배려도 못 하는 사람을 보면 왜 저럴까 싶어 인상을 쓰게 된다.

수업이 끝나면 모두 지쳐서 헉헉거리며 정수기 앞으로 모여든다. 수업은 끝이 났지만 그들의 '배려 없음'은 아직 끝나지 않았다. 삼삼오오 무리를 짓다 보니 일자로 반듯하게 줄을 서지는 못한다. 그럴지라도 대부분의 수강생은 눈치껏 먼저 온 사람을 파악하고 자신의 차례를 기다린다.

하지만 양보가 오가든 말든 반대편으로 훅 돌아가서 당당하게 컵을 들이대는 사람이 있다. 참으로 언짢다. 순번 대기표를 받은 게 아니라 잘잘못을 따질 수는 없지만 그래도 밉기는 밉다.

그 외에도 탈의실을 드나들며 노크 없이 문을 발칵 여는 사람, 자신이 만든 쓰레기를 그대로 두고 자리를 뜨는 사람, 폼롤러 사용 후 정리는 생략하는 사람 등. 남을 배려하지 않는 행동은 곳곳에서 나타난다. 취미를 즐기는 공간에서도 됨됨이가 드러난다는 사실이 새롭다. 한 사람의 성품은 결코 숨겨지지 않는 듯하다.

동시에 스스로를 돌아보게 된다. 나는 왜 기어코 저런 사소한 행동이 눈에 띄고야 마는 걸까. 즐겁게 운동하려고 학원에 갔는데 왜 인상이 찌푸려지는 걸까. 무던하고 너그러운 이라면 같은 걸 보고 대수롭지 않게 흘려버릴 것 같다.

나는 도통 가볍게 넘겨지지가 않는다. 마음이 넉넉하지 못해서 사람을 견디는 게 버거운 건 아닐까. 저런 사람이 기어코 거슬려야 직성이 풀리기 때문에 종종 사람이 지겨운 것은 아닌지.

타인을 미워하는 건 결국 나를 망치는 일이다. 미움으로 나를 채워서 좋을 게 없기 때문이다. 평안을 위해 조금 유연해져 보면 어떨지 생각했다. 하루아침에 말랑말랑해질 수는 없을 것이다. 5년째 발레를 배우면서 다리는 절대 안 찢어지는 것을 보면 알 수 있다. 몸도 모자라 마음까지 이렇게 뻣뻣해서야. 하긴, 마음먹은 대로 척척 길러지는 게 유연성이라면 내 다리는 이미 90도로 찢어지고도 남았다.

터벅터벅 집으로 걸어가면서 얼마간 그런 생각을 했다. 무던한 성격이라 믿었고 그런 평가를 종종 받으며 살아왔지만, 어쩌면 누구보다 예민하고 까칠한 사람일지도 모르겠다고 말이다.

3부

다들 닉네임
어떻게 지으신건가요?

발레 관련 정보를 찾을 때가 아니어도 수시로 네이버 카페 〈레오타드를 입는 사람들〉에 들락날락한다. 다른 취미인의 이야기를 엿보기만 해도 재밌어서다. 회원 수가 많아서 하루에도 수십 개의 글이 새롭게 올라온다. 같은 시기에 개봉해도 박스오피스 순위가 갈리는 영화계처럼 카페 게시글에도 인기 순위는 매겨지기 마련이다. 이럴 때 보면 다수가 흥미를 느끼는 이야기는 정해져 있는 것 같다. 맛집 지도를 그리듯 또 읽고 싶은 글에는 '좋아요'를 꾹 누른 후 언제든 찾아볼 수 있게 저장해둔다.

2020년에 올라왔던 한 편의 게시물이 그런 글 가운데 하나다. 제목은 〈다들 닉네임 어떻게 지으신 건가요?〉 나는 온라인에서 새 이름 짓는 걸 어려워해서 묘책이 있을까 싶어 눌러 보았다. 오죽하면 멋들어진 필명을 짓는 데 실패하고 본명을 쓰는 작가가 되었겠는가.

해당 글에 달린 댓글은 200개가 넘었다. 천만 영화는 리뷰 개수도 넘쳐 나듯 인기 글인 만큼 댓글 수가 만만치 않았다. 단숨에 수백 개의 댓글을 읽어 낼 정도로 흥미로웠다. 결국엔 200개를 다 읽고도 다른 댓글이 더 없는지 찾아 헤맬 지경이었다. 닉네임을 짓게 된 동기를 살펴보는 재미가 쏠쏠했기 때문이다. 게시글의 인기는 상당했다. 흥행한 영화는 머지않아 속편이 나오기 마련이다. 범죄도시가 벌써 5번째 시리즈를 개봉한 것과 비슷한 현상이 일어났다. 얼마 후에 〈다들 닉네임 어떻게 지으신 건가요? 2탄〉이란 제목으로 후속작이 등장한 것이다.

많은 댓글 중에 유난히 재밌었던 몇 개의 사연을 옮겨서 소개하고 싶다. '닉네임 : 이름의 뜻' 구조로 나열해 보겠다.

*쿠인아망 : 프랑스 빵을 다 좋아하는데 특히 이름이 귀여워서 골랐어요. (빵과 이름표가 실린 사진을 함께 올려 주었다.)

*별별베어스 : 사는 동네 이름에 '별'이 들어가서 별별과 두산 베어스 팬이라 베어스를 붙여서 만들었어요.

*미스 레몬 : 좋아하는 추리 소설에 나오는 주인공
 이름입니다.

*연어 : 마침 연어를 먹다가 카페에 가입해서 연어라고
 지었어요.

*Sophie : 있어 보이게 영어로 적었지만 소의 피=선지를
 좋아해서 소피랍니다.

*새싹이이모 : 가입 당시 조카의 태명으로 지어 봤습니다.

*여름발레 : 저는 여름에 발레를 시작해서요.

*글쎄요 : 닉네임은 뭘로 하나..글쎄...?
 높임말은 써야겠지? 그래서 글쎄요가 되었어요.

 뜻을 떼어 놓고 봤다면 그냥 지나쳤을 법한데 사연을 알고 보니 괜히 특별하게 느껴졌다. 접시에 덩그러니 놓여 있는 연어의 이미지를 떠올리다가 PC 앞에 앉아 연어를 먹는 누군가의 모습을 그리는 방식으로 말이다. '미스레몬'을 보고 레몬을 좋아하는 사람이겠거니 추측했다가 처음 보는 추리 소설의 제목을 알게 되었다.
 가벼운 마음으로 커뮤니티의 글을 읽으면서도 자꾸

만 철학적인 물음을 띄우게 된다. 상대를 안다는 건 과연 무엇을 어디까지 안다는 것일까, 하는 그런 질문을. 나는 상대의 단면을 보고 제멋대로 판단한 적이 많기 때문이다. 스스로가 높은 가치라 믿는 무언가를 마음대로 조립하고 맞추면서 타인을 해석하고 판단했었다.

더 자세하게 설명하면 이런 식이다. 나는 말을 예쁘게 하는 사람을 좋아했다. 인간이 갖춰야 할 기본 소양이 다정한 말투라고 믿었던 것이다. 그래서인지 종종 예쁘고 나긋나긋하게 말하는 상대에게 마음을 잘 열었다. 아, 저 사람은 어쩜 저렇게 말을 예쁘게 하지? 다정하고 달달한 어투 하나로 상대가 좋은 사람이라 덜컥 믿곤 했다. 반대로 지나치게 솔직하고 건조한 말투는 나를 멈칫하게 했다. 무한도전의 박명수 화법이라고 하면 이해가 쉬울까. 박명수는 당차게 출연료 인상을 요구하고 지쳤을 땐 일하기 싫다는 말도 거침없이 내뱉었다. 과거에는 그런 모습을 보면 불편해서 인상이 찌푸려졌다.

사람은 무지할수록 편협하다. 사실, 말투 같은 건 하나도 중요하지 않다. 부드러운 화법이 한 사람의 전부를 대변해 주지 않는다. 인생은 1+1=2라는 공식처럼 간단치가 않았다. 입이 좀 거칠어도 속은 한없이 여리고 따뜻할 수도 있는 거였다.

그런 사람들은 분명히 존재한다. 박명수만 봐도 그렇지 않나. 그는 시큰둥한 말투와 달리 의외로 약한 사람을 잘 돌보고 기부도 많이 하는 사람이었다. 겉으로는 상냥하고 부드러운 사람의 민낯이 알고 보면 더 추악할 때도 있었다. 인생이 단순하지 않은 만큼 한 인간의 모습도 꽤 복잡한 것이다.

멋대로 만들어 낸 오해와 편견은 결국 나의 모자람 탓이었다. 그 누구도 말을 예쁘게 해야만 좋은 사람이라고 가르쳐 준 적은 없었다. 그냥 내가 그렇게 믿었을 뿐이다. 책을 좋아하는 사람은 자연스레 술을 멀리할 것 같았고, 한 회사를 꾸준히 다닌 성실함을 갖췄다면 그 사람은 분명 따뜻할 것 같았다. 취미로 피아노를 즐기면서 클럽에 놀러 가지는 않을 것이라고, 반려동물을 사랑하는 사람이 길가에 쓰레기를 버리는 건 있을 수 없는 일이라고 굳게 믿었다. 내 방식대로 연결 지은 오해들은 꽤나 많았다. 좋은 가치와 나쁜 가치를 내 입맛에 맞게 나누고 좋은 것은 좋은 것끼리 나쁜 것은 나쁜 것끼리 묶인다고 여겼다.

차곡차곡 쌓여 있던 편견들은 곧잘 부서졌다. 독서 모임이 끝나고 대낮부터 술을 들이켜는 회원을 볼 때나, 애인에게 툴툴거리면서 회사에 충성하는 사람을 볼 때 그랬다. 피아노를 즐기면서 유흥에 빠져 헤어 나오지 못하는 이를 보거나 반려견을 꼭 끌어안은 채 발로 쓰레기를 툭 차 버리는 주민을 목격할 때도 그랬다.

애초에 내가 그려 둔 편견들은 그 어느 하나 서로 상관관계가 없었다. 책을 읽으면서 술을 좋아하면 왜 안 되는가? 독서와 음주는 철저하게 개별적인 활동인데 말이다. 자신의 업무에는 성실한 사람이 왜 꼭 애인에게 다정해야 하는가? 연인보다 본인 일이 더 소중한 사람이라면 안 그럴 수도 있지 않나. 그 둘 사이에는 아무런 연관성이 없다.

내 안에서 얽히고설킨 오해들이 예상치 못한 방향으로 풀어질 때마다 나는 몹시 어려웠다. 인생은 대체 뭘까, 인간은 정말 뭘까. 어떤 작가는 산다는 게 늘 뒤통수를 맞는 일이랬는데, 내가 꼭 그런 기분이다. 언제부턴가 착한 말투 하나로 좋은 사람이라 단정 짓지 못하게 됐다. 업무에 성실한 사람을 보고 참된 인간이라 판단하지도 못하게 됐다.

그렇다고 보여지는 모습의 이면을 살피고자 매번 의심하고 경계할 수는 없는 노릇인데. 정말이지 아무것도 모르겠을 뿐이다. 왠지 그 사실을 떠올리면 이따금 쓸쓸해질 때가 있다. 닉네임을 어떻게 짓게 되었는지 설명해 주는 인기 글의 댓글 같은 것이 인생에는 없는 것 같기 때문이다.

"순서를 틀리다니,
자괴감이 드네요!"

발레 수업에서 빠지지 않는 기초 동작은 다음과 같다. 쁠리에, 땅뒤, 쥬떼, 롱 드 장브, 그랑 바뜨망이 그렇다. 비가 오나 눈이 오나 기본 동작만큼은 고정이다. 거기에 매달 1~2개의 새로운 움직임을 추가로 배운다. 고정된 커리큘럼에 새로운 과정을 끼워 넣는 식이다. 몇 년 동안 똑같은 동작을 하는데 지루하지 않냐고 물을 수도 있겠다. 두말하면 입 아프지. 솔직히 너무 질린다. 지겹고말고. 다만, 그 지루함을 덜어주는 '새로움'이 있기에 계속 해 올 수 있었다. 발레 동작은 무궁무진한 변주가 가능하기 때문이다.

'쥬떼' 동작으로 예를 한 번 들어 볼까. 쥬떼는 '던지다'를 뜻하는 프랑스어다. 처음에는 두 발을 중심으로 곧게 서 있다가 한 쪽 다리로 중심을 옮긴다. 쉽게 말하면 한 다리로 서는 거다. 그렇다면 반대쪽 다리는 어디에 두는가? 앞, 옆, 뒤 어디든 쭉 던지면 된다. 동작 이름이 괜히 '던지다'겠는가?

물론 허구한 날 다리만 던져 댔으면 수업 중에 하품이 나왔을 거다. 그저 다리를 던지는 동작인데 어떻게 다양해질 수 있나 궁금하지 않은가. 이런 식이다. 지난

달에는 앞으로 두 번 던졌다가 측면으로는 세 번을 던졌고 뒤로는 한 번을 던졌다고 해 보자. 이번 달에는 앞으로 빠르게 한 번만 던지고 측면으로는 느리게 두 번을 던진 후에 잠시 쉴 수도 있다. 어디 이뿐인가. 박자를 잘게 쪼개거나 방향, 횟수의 변화로도 변주는 무궁무진하다.

심지어 동작할 때 틀어 주는 배경음악도 색다름을 안겨 준다. 12월이 되면 시즌에 맞춰 캐럴을 틀어 준 선생님 덕에 연말 분위기를 한껏 느끼면서 다리를 던졌다. 색조 메이크업 시장에서 하늘 아래 같은 핑크가 없다고 하듯, 발레에서도 하늘 아래 같은 쥬떼는 없는 셈이다.

즉, 매달 레퍼토리가 달라진다는 뜻이다. 그리고 그 재미를 만들어 내는 건 바로 선생님의 몫이다. 안무가가 안무를 구상하는 일과 닮아 있다. 한 달 주기가 꽤 긴 것 같아도 생각보다 금방 돌아온다. 매달 새로운 순서를 짜면 헷갈릴 만도 한데 선생님은 늘 척척 해내는 프로다. 음악을 틀고 시범을 보일 때마다 완벽한 모습을 보여 준다.

그러다 어느 날 보기 드물게 순서를 헷갈렸다. 완벽에 가까운 선생님도 그럴 때가 있구나. 우리는 그저 별일 아니라는 듯 기다렸지만 도통 실수라는 걸 몰랐던 선생님은 말했다.

"순서를 틀리다니, 자괴감이 드네요!"
 깔깔 웃으면서 말했지만 약간의 자조가 섞인 농담이었다. 그 모습을 보고 있자니 얼핏 그런 생각이 스쳤다. 프로의 세계는 재능 하나만 갖춰서 되는 게 아니겠구나, 하는 생각 말이다. 이미 프로인 선생님에게도 동작 구현과 순서를 외우는 일은 별도의 영역인 것이다. 선생님은 자다가 깨서 다리를 던져도 흐트러짐이 없을 거라고 했다. 그만큼 성실하고 꾸준하게 다져 왔기 때문에 몸에 뱄다고 해도 과언이 아니다.
 그럼에도 '쥬떼'를 몸짓으로 해내는 일과 새롭게 바뀐 순서를 익히는 일은 철저하게도 별개다. 가만 보니 고수의 세계는 완벽한 재능 하나로 꾸준할 수가 없겠다는 생각이 들었다. 빈틈없이 다리를 던지더라도 순서를 놓친다면 한순간에 틀린 프로가 되고 만다. 아마추어라면 넘어갈 수 있는 사소한 실수도 프로의 세계에서는 엄격하기 마련이다.

　그런데 정말이지 그렇지 않나. 노래로 대한민국을 접수한 '김나박이'에게도 그건 마찬가지가 아닐까. 그들은 되는대로 흥얼거려도 귀가 쫑긋할 만한 노래 실력을 이미 갖추었다. 그렇다고 그 재능만으로 충분한가 하면 또 그건 아니다. 가수는 끊임없이 새 노래로 대중을 만나야 하기 때문이다. 그러니 신곡 발매를 위해 새 노래를 부르는 과정도 떼 놓을 수가 없는 거다. 처음 만나는 곡을 익혀서 자신의 것으로 소화하는 노력은 가창 능력과 완전히 별개다. 한 곡을 연구하고 계속해서 부르고 음악으로 만들어내는 과정은 정말이지 타고난 가창력과는 연관성이 없다.

　어떤 배역을 맡아도 그 인물로 새로 태어나는 배우도 그럴 거다. 뛰어난 연기력을 갖췄다고 해서 캐릭터 연구와 대사 암기까지 저절로 되지는 않기 때문이다. 한 작품이 세상이 나오기 직전까지 배우가 쏟아야 하는 노력은 선생님이 순서를 짜고 익히는 과정과 크게 다르지 않아 보인다. 나는 왜인지 모르게 그 사실이 새삼스러웠다.

뛰어난 재능을 가졌다 한들 가만히 앉아 있어서는 아무것도 될 수 없다. 이런 식의 사고 흐름은 나에게 약간의 부끄러움과 희망을 동시에 안겨 주었다. 그건 내가 '타고난 재능'을 자주 신성시하고 동경하던 사람이기 때문이다. 나는 박효신처럼 노래하는 재능이 없는 현실을 자주 낙담하던 사람이었다. 타고난 능력만 있었어도 내 인생이 분명 특별했을 거라고 툴툴대고 왕왕 낙담하는 사람이었다. 편협한 시각은 아니었는지 되짚어 본다. 선천적인 재주가 절대 전부는 아닐 것이다. 특정한 직함으로 꾸준히 인정받으려면 끊임없는 단련이 필요하다는 걸 배운다.

작년에 책을 한 권 쓰고 난 후부터 지금까지 종종 고심하곤 한다. 내가 더 많이 더 좋은 글을 써내는 작가가 될 수 있을지를. 과연 될까. 나 정도의 능력으로도 해 볼 만한 걸까. 비범한 능력이 없다는 걸 알고 있기 때문이다. 그런 걸 가졌다면 절대 모를 리가 없으니 말이다.

'타고난 재능'에 응시하던 눈을 '지난한 과정'으로 돌려본다. 글쓰기에 있어서 끊임없이 갈고 닦아야 하는 게 무엇인지 떠올리면서.

좋은 글을 많이 읽고 걸러내는 과정, 죽이 되든 밥이 되든 부지런히 써내는 용기, 일상에서도 글감을 모으는 습관. 뭐 이런 것들이 재능과 무관한 훈련의 영역에 가깝다. 인생은 공평하지 않다지만 어떤 측면에서는 평등할지도 모른다. 절대 틀리지 않도록 순서를 반복해서 외우는 일은 성실한 의지로도 충분히 해낼 수 있기 때문이다. 비록 눈부신 재주는 없을지라도 내가 시도할 수 있는 노력에 집중해 본다. 그것만이 내가 컨트롤할 수 있는 영역이기 때문이다.

당신이 오지 않는 날엔...

매우 드물게 일어나지만, 나에게도 유난히 몸이 가볍고 동작이 잘되는 날이 있다. 그런 날에는 평소와 다르게 밝고 상쾌한 기분이 든다. 명확한 논리로 설명하기는 어렵지만 은은하게 달라진 분위기는 금방 체감이 된다. 자주 있는 일이 아니어서 더 민감하게 느낄 것이다. 수업하는 내내 마음에도 몸에도 걸리는 거 하나 없이 순조로웠다. 매번 이렇게만 잘 되면 고급반으로 레벨업하는 건 순식간일 텐데. 오늘따라 왜 이렇게 즐겁지? 수업을 마치고 마침 다른 수강생과 함께 학원을 빠져나오면서 그 이유를 찾았다.

"근데 오늘 A 씨 안 왔네요?"

수강생 A가 결석했다는 걸 그녀가 짚어 주었기 때문이다. 그러고 보니 오늘 수업에 A가 보이지 않았다. 아, 그랬구나, 이유가 바로 그거였다.

이 기분은 마치 오래전 겨울날에 느꼈던 감정과 무척 닮아 있었다. 그날은 추위를 참고 멋을 부리겠다고 코트를 입고 집을 나선 한겨울이었다. 칙칙하고 무거운 패딩 대신 예쁜 겨울 코트를 입고 친구를 만나러 간 것이다. 패딩을 버리고 코트로 멋을 낸 다음 도톰한 검정 스타킹을 신었다. 바지를 입으면 더 따뜻했겠지만, 나는 겨울에도 치마를 포기하지 않는 멋쟁이니까.

옛말에 여름 멋쟁이 여름에 더워 죽고 겨울 멋쟁이 겨울에 얼어 죽는다고 했다. 다행인 것은 약속 장소가 마침 실내였다는 점이다. 친구와 밥을 먹고 코엑스를 몇 바퀴 돌고 나니 금세 추위가 가셨다. 겉옷을 벗어도 되겠다 싶어 코트의 단추를 하나씩 풀다가 묘하게 허전한 기분을 느꼈다. 찬바람이 횡 하고 불었던 이유를 곧 알게 되었다.

깜빡하고 치마를 입지 않았던 것이다. 누가 볼세라 후다닥 다시 단추를 잠갔다. 훌륭한 난방시스템 덕에 우려와 달리 추위가 아닌 더위와 씨름을 했다. 스타킹이 오지게 두터워 착용감이 바지와 맞먹어서일까. 왠지 모르게 가벼운 느낌이 있었지만 기분 탓인 줄 알았는데, 치마를 입지 않고 외출을 감행해 버린 것이다. 한때 유행하던 하의 실종 패션의 정점을 찍은 날이었다. 진정으로 하의를 없애 버렸으니.

오늘이 바로 딱 그 겨울날의 기분과 비슷했다. 평소와 무언가가 미묘하게 다른데 왜 그런가 하면 딱히 답은 모르겠고, 그렇지만 무언가가 확실히 다르긴 다른 느낌 말이다. 마침내 이유를 찾아내고서 역시 뭔가 있긴 있었던 거야, 하면서 답답함이 확 풀렸다. 오늘 결석한 수강생은 앞서 배려가 부족하여 눈에 거슬린다고 거론했던 글 속의 주인공이기 때문이다.

사람들과 부대끼며 일한 지가 오래되어 누군가의 부재가 반갑게 느껴진 게 실로 오랜만이었다. 최근 몇 년간 느껴보지 못했던 이 상쾌함, 정말 간만이다. 간혹 팀장님이 휴가로 자리를 비웠을 때 출근길에도 콧노래가 나오던 과거의 기쁨이 떠올랐다.

같은 학원의 같은 반 수업에 5년째 참여하면서 일명 '고인물'이라 일컫는 수강생들을 알게 되었다. 물론 나도 그중 한 명이다. 내가 가장 자주 보는 사람이 발레 선생님과 같은 반 수강생인 시절도 있었다. 우리는 그동안 꾸준하게도 서로의 부족함을 확인하고 도통 발전이 없는 상태를 공유해 왔다.

내가 아무리 사람을 많이 사귀고 싶지 않아도 5년이나 마음에 벽을 세우고 문을 잠글 수는 없었다. 로봇이 아닌 인간이기 때문이다. 좋은 사람들을 꾸준히 만나다 보면 나도 모르게 마음이 열리고 눈길이 간다.

　그래서인지 나는 우리 반 수강생의 결석을 비교적 빨리 알아차렸다. 탈의실에서 도란도란 이야기를 나눴던 회원이 안 보이면 괜스레 걱정이 스쳤다. 혹시 오늘은 야근에 당첨이 됐나, 이번 달 이사하느라 바쁜 건가, 무릎이 아프다더니 증상이 더 심해진 건 아닐까. 상대를 향한 내 마음의 실체는 그 사람의 부재로 확연히 드러난다. 그가 없으니 궁금하고 보고 싶어지는 마음일 수도, 오늘처럼 부재가 더 반가운 마음일 수도 있다. 어디서 배운 적 없고 누가 시킨 적도 없지만 저절로 그렇게 계산이 된다.

　이쯤 되니 나는 학원에서 어떤 존재일지 궁금해졌다. 타인의 평가나 시선에서 자유로워지고 싶지만, 내가 좋아하는 사람이 나를 좋게 봐 주었으면 하는 마음은 잘 버려지지 않기 때문이다. 내가 수업에 빠지는 날이면 오늘따라 왠지 상쾌하다고 생각하는 사람이 많을까. 그게 아니면 자연스레 나를 궁금해하고 걱정해 주는 사람이 많을까. 전자가 답은 아니었으면 하고, 괜히 바라게 된다.

끝이 있어서
할 만한 것들

마음이 울적하면 몸을 쓰는 게 쉽지 않다. 아무것도 안 하고 그저 누워만 있고 싶었다. 기분이 가라앉으면 끝없이 땅을 파고 지하까지 가 버린다. 끝까지 파고드는 성격이 이럴 땐 참 좋지 않다. 우울감은 자연스레 무기력을 데려온다. 비단 나에게만 그런 것은 아니라고 한다. 어떤 정신과 의사에 따르면 그게 자연스러운 거라고 했다. 마음이 힘들수록 발레를 해야 한다고 수강생 친구는 말했다. 틀린 말이 아니라는 걸 안다. 이전에도 몸소 깨달았던 적이 있기 때문이다.

 방 안에 가만히 누워 슬픔에 잠식되는 것보다 벌떡 일어나서 뭐라도 하는 게 낫다는 걸 알고 있다. 마음이 무거운 만큼 몸도 무거워서 한 걸음 떼는 게 천근만근이라 문제지만. 의지를 다지고 발레 수업을 갔을 때 절실하게 깨달았다. 몸과 마음은 정말이지 하나구나. 마음이 힘드니까 평소보다 몸이 잘 써지지 않았다. 힘이 쭉 빠지고 의욕이 없었다.

 기분이 맑은 날에는 시간이 어쩜 그렇게 훌쩍 가는지 모른다. 시계를 볼 겨를 없이 즐겁게 움직이다 보면 끝인사를 하고 있다. 그렇지 못한 날에는 시간이 더럽게도 안 가는 통에 몇 배로 힘이 든다. 시계를 한 20번쯤 본 것 같다. 1시간 20분이 원래 이렇게 천천히 흘렀던가.

시간이 느리게 갈수록 시계를 자주 보게 되고, 시계를 수시로 체크할 수록 시간은 더욱 느리게 간다. 더디게 갈지라도 반드시 시간은 흘러간다. 아무리 느릿느릿 간다고 해도 시계 바늘이 앞으로 향하는 것만큼은 불변의 사실이다.

어느덧 30분이 남은 시점이 왔다. 아자아자, 30분만 더 버티자, 하면서 힘을 냈다. 그렇게 견디다 시계를 보니 이제 20분이 남은 시점이다. 또 한 번 시계를 봤을 때는 10분만 더 버티면 되었다. 참 희한하게도 끝이 다가오자 바닥났던 에너지를 끌어올 수 있었다.

아무리 힘들고 어려워도 끝이 언제인지를 정확히 알고 있으니 버틸 수가 있었다. 그건 실제로 발레를 배우면서 자주 느끼던 감정이다. 점프를 뛰면서 숨을 헐떡이다가 선생님이 "자, 이제 마지막"이라고 하면 순간적으로 없던 힘이 솟아난다. 선생님이 무심코 던진

"이번이 마지막이에요" 한마디가 에너지 부스터 역할을 톡톡히 했다.

누구나 그런 것인지 내가 유독 그런 사람인지는 나도 잘 모르겠다. 시계를 수십 번 찾으면서 문득 깨달았을 뿐이다. 적어도 나는, 더없이 힘들어도 끝을 알 수 있다면 버틸만한 사람이구나.

인생의 모든 순간이 대체로 그랬던 것 같다. 팍팍했던 수험 생활도 수능 날짜가 있어 참을 수 있었고, 퇴근 시간이 있으니 업무 시간을 버티며 회사 생활을 해나갔다. 10시간이 넘는 비행 일정도 분명 언젠가는 착륙할 것을 알기 때문에 견딜 수 있다. 끝을 모르고 하늘을 가로지른다면 숨이 막힐지도 모른다.

반대로 언제 끝날지 모르는 취준생 시절은 암흑 그 자체였다. 나보다 먼저 취업한 친구들을 보면서 나도 그런 날이 올까 싶어서 답답하고 힘들었다. 저들처럼 나에게도 끝이란 게 있을지 확신할 수 없었다. 계속되는 불합격 소식에 지쳐갈 때 예언자가 있었다면 다르지 않았을까. 당신도 몇 달 후면 취업을 하게 될 테니 그때까지만 버티라고 말해줬다면 분명 수월했을 것이다. 온 세계가 코로나로 절망에 빠졌을 때도 그랬다. 코로나 이전의 세상으로 돌아갈 수는 있을지, 그런 날이 온다면 과연 언제일지, 마스크를 벗는 날이 오기는 올지, 아무것도 확실하지 않았다. 막연함이 주는 답답함 때문에 더욱 괴로웠다. 엔데믹 시점을 알기만 했어도 한결 나았을 것이다.

요즘은 새로운 버릇을 들였다. 발레 수업이 끝나고 곧장 또 우울해진 나의 마음이 언제쯤 아물지 도통 알 수 없기 때문이다. 타인에게 실망하고 상처받은 마음에도 분명 유효 기간이 있을 거다. 그렇다면 나를 한 번 속여보는 것도 좋겠다고 세뇌를 했다. 너는 딱 12월 1일까지만 힘들고 그다음부터는 마음에 다시 볕이 들 거야. 한낱 눈속임이지만 끝이 온다고 믿으니 괜찮아진 기분이다.

그럼에도 12월 10일이 되자마자 또 슬프고 힘들어

진다면 한 번 더 끝을 정해주는 거다. 12월 15일까지만 딱 슬퍼하자. 그 후부터는 정말이지 행복한 일만 생길 거야. 파도치는 감정을 멋대로 제어할 수 없는 어른은 고작 이런 방법을 써 본다. 말도 안 되는 주문인데 아주 조금은 참을 만해졌다. 나를 다스리는 연습을 이렇게도 한 번 해 본다.

쁠리에가 끝났나요?
그럼 한 번 더!

오늘도 여지없이 쁠리에로 본격적인 수업이 시작된다. 어제도 오늘도 내일도 언제나 변함없이. 쁠리에는 수업의 문을 여는 인사와도 같다. 최선을 다해 쁠리에를 마쳤다면 그다음 동작이 기다린다. 그건 바로 또 쁠리에다. 물론 방향을 바꾸어서 말이다. 발레 바를 기준으로 오른쪽에서 했다면 이번에는 왼쪽으로 넘어가서 한 번 더 한다. 발레는 다른 운동과 달리 똑같은 동작을 꼭 오른쪽과 왼쪽을 번갈아서 한다. 유독 왼쪽이 잘되지 않던 날 새삼스럽게 알아챈 사실이다.

　어쩌면 내가 오른손잡이인 것과 연관이 있을까. 어떤 동작이건 배우는 족족 오른쪽보다 왼쪽이 더 형편없다. 그 미세한 차이는 나만 알지도 모르지만 말이다. 같은 동작을 방향만 바꾸어 두 번씩 하는 이유가 틀림없이 있을 것이다. 선생님이 우리를 고생시키려고 작정했을 리도 없지 않은가.

　머지않아 알게 되었다. 발레는 그 어떤 운동보다 양쪽의 균형이 중요하기 때문이었다. 오른쪽만 뛰어나서도 안 되고 왼쪽만 특출나서도 안 되는 것이다. 무대에 선 발레리나의 움직임을 떠올리면 이해가 쉽다. 한 쪽 다리로 서서 몇 바퀴를 돌거나 다리를 쫙 벌리고 공중에서 점프하는 무용수를 본 적이 있는가? 아름답고 우아한 춤사위를 보면 균형이 얼마나 중요할지 짐작할 수 있다.

내가 사랑해 마지않는 우리 선생님은 귀에 딱지가 앉을 만큼 '풀업'과 '턴아웃'을 강조한다. 발레의 전부이고 발레의 생명과도 같댔다. 풀업은 몸을 곧게 세우는 자세를 말한다. 쉽게 말하면 꼿꼿하게 등과 허리를 펴고 서 있는 동작이다. 턴아웃은 반듯이 선 채로 고관절에서부터 다리, 무릎, 발의 사용이 바깥쪽으로 향하게 외회전 되는 상태를 뜻한다. 아무리 열심히 배워도 완벽한 풀업과 턴아웃을 해낼 수가 없었다. 몹시 어렵기 때문이다. 얼핏 가만히 서 있기만 하면 완성되는 동작 같지만 그렇게 단순하지가 않다.

우리가 엉터리로 흉내 내면 그걸 바로잡아줄 수 있는 건 선생님뿐이었다. 애쓰는 선생님 덕분에 힘을 5:5로 나눠 쓰는 게 발레의 핵심이라는 걸 계속해서 배웠다. 그걸 기억하면서 다리를 바깥으로 돌리고 몸을 곧게 세운 채로 선다. 개념을 익히고 몸에 적용하려 힘쓰다 보면 비로소 선생님의 말뜻을 헤아리게 된다. 결국 중심이 바로 서야만 발레를 제대로 할 수 있다. 지나치게 한쪽으로 치우쳐서는 안 된다.

5:5로 힘을 나누어 쓰는 걸 다른 말로 바꾸면 저항 에너지다. 무슨 동작을 하든 반대 에너지가 항상 필요하다는 뜻이다. 선생님은 양쪽에서 비슷한 힘의 세기로 잡아당겨야 팽팽해지는 고무줄을 떠올려 보라고 했다. 발레에서도 그 원리가 작용하기 때문이다. 팔을 길게 뻗어서 뽑으려면 가만히 지키는 몸통이 있어야 한다. 오른쪽으로 한 바퀴 턴을 돌 때도 왼쪽이 도와줘야 한다고 강조했었다.

쁠리에만큼 중요한 기초 동작에는 '그랑 바뜨망'이 있다. 꼿꼿하게 선 상태에서 한 쪽 다리를 90도 이상으로 힘차게 차올리는 동작이다. 오른쪽 다리를 던진다면서 있는 왼쪽 다리는 중심축이다. 그러니 절대 힘을 잃어서는 안 된다. 힘차게 차는 다리에만 집중해서는 결코 제대로 된 그랑 바뜨망을 해낼 수 없다.

쁠리에와 그랑 바뜨망이 아니더라도 발레의 모든 동작이 매한가지다. 무너지지 않으려면 균형이 얼마나 중요한지 새삼 발레를 배우며 일깨운다. 오른손이 하는 일을 왼손이 모르게 하란 말은 적어도 발레에서만큼은 틀렸다. 발레에서 오른쪽과 왼쪽은 협업 관계나 다름없다.

언제나처럼 잘되지 않는 왼쪽의 그랑 바뜨망을 하며 그런 생각을 했다. 한쪽으로 치우쳐 무너지지 않게 균형을 잘 맞추고 싶다고 말이다. 운동을 하면서 다짐하기엔 너무 거창한 목표 같지만 언제고 어느 때고 삶의 지혜를 주울 수 있다면 좋은 것 아닌가. 1시간 20분 동안 수업에 참여하면 중간중간 잡생각이 끼어드는 걸 막을 도리가 없다. 워라밸을 외치고 치킨도 반반으로 주문하는 시대에 균형을 잃지 않는 건 중요한 일이다.

그런 삶을 위해 필요한 요소가 무엇일지 살펴본다. 나는 오래전부터 쓸모없는 시간이 꼭 필요하다고 믿는 사람이다. 불타는 열정과 피나는 노력이 높은 가치로 여겨질 때마다 더욱 그랬다. 자기 보호의 일환으로 생겨난 마음일 것이다. 나는 대체로 그러지 못했기 때문이다. 낮잠을 쿨쿨 자고 넷플릭스를 탐방하는 시간은 왜 값지지 않을까. 열정이 좋은 가치인 것은 맞지만 가끔은 너무 뜨거워 버거울 때가 있다.

1인분을 해내지 못해서 자책하다가도 어쩐지 뒹굴뒹굴하며 멍때리고 싶은 날이 있다. 걱정을 집어치우고 드라마를 몰아보는 건 당장 아무런 쓸모가 없어 보인다. 그렇게 늘어질 시간에 영어 공부라도 해야 할 것 같은 조바심을 느낀다. 실제로 쓸모라고는 하나도 없는 게 맞을지 모른다.

그런데도 나는 자꾸만 이런 마음이 드는 것이다. 재밌는 대사에 깔깔 웃고 주인공이 슬플 때 같이 울고 느끼는 감각들이 쌓여서 어딘가에는 도움이 될지도 모른다고 말이다. 물론 평생에 그런 날이 아예 오지 않을 수도 있다. 그렇더라도 순간의 편안함과 행복이면 괜찮을 거라 믿고 싶다. 그게 나의 균형이라면 균형이다.

얼마나 다행이야!

뭐든 첫발을 떼는 게 가장 어렵다. 용기를 내는 일도 크게 다르지 않았다. 반짝이는 발레복을 한 번 입으니 두 번째는 한층 쉬웠다. 그 후로는 새로운 발레복을 사는데 거침이 없었다. 너무 과해서 망설이다 내려놓던 옷도 척척 사 댔다. 반짝이를 넘어 레이스와 보석까지 뻗어나갔고 눈에 튀는 과감한 색상의 옷도 마음껏 입었다. 예쁜 발레복을 원 없이 입을수록 수업의 재미는 한층 더해졌다. 물론 학원에 모인 수강생이 모두 나 같지는 않았다.

가벼운 티셔츠에 레깅스만 입거나 발레복을 입더라도 비교적 심플한 옷을 선택한 수강생이 더 많았다. 덕분에 나는 옷차림으로 종종 주목 받았고 그런 옷은 어디서 사냐는 질문 세례를 받았다. 예쁜 발레복을 찾는 일이 얼마나 쉽고 재밌는지를 모르는 건가. 안타까운 나는 신이 나서 쇼핑몰 이름을 공유해 주곤 했다.

이런 발레복은 대체 어디서 사냐는 궁금증은 수강생에서 그치지 않았다. 가끔은 선생님도 비슷한 반응을 보였다. 큐빅과 진주알이 박힌 옷을 입은 날에는 조심스레 어깨를 쓰다듬더니 물었다. 이렇게 예쁜 건 어떻게 찾아서 사는 거냐고.

자신이 전공생이던 시절에는 발레복 범위가 매우 단출했댔다. 취미 발레생이 늘어나면서 옷의 종류가 엄청 다양해졌다며 자기도 이렇게 예쁜 옷이 많았다면 참 좋았겠다고 아쉬워했다. 아마도 선생님은 10대 시절을 곱씹는 걸 테니 10년도 더 전의 이야기일 것이다. 보석 달린 옷을 입겠다고 지금 당장 10대로 돌아가서 또다시 발레를 전공하는 인생을 살고 싶다는 건 아닐 것이다. 나 때에도 이랬다면 어땠을까, 그저 약간의 아쉬움을 담아 말했을 뿐이다.

나는 이런 종류의 아쉬움을 너무 잘 알고 있다. 나에게도 그런 순간이 숱하게 있었기 때문이다. 특정 시대를 욕심내는 마음 같은 것. 요즘 대학생은 아이패드 하나 들고 수업에 간다는 사촌 동생에게 세상 참 좋아졌다고 푸념하는 정도의 아쉬움이다. 어느 시대를 살아갈지 선택할 수 있는 사람은 아무도 없으니 말이다.

애초에 '태어남'부터 자의로 결정할 수 없다는 게 인간의 숙명이다. 생각이 거기에 그치면 아쉬움은 금세 안도감으로 덮인다. 지금 시대에 태어나 살아갈 수 있다는 걸 감사히 여기는 것이다.

절대 바뀌지 않는 것을 붙들고 아쉬워하는 건 아무짝에도 쓸모없기 때문이다. 일제 강점기나 한국 전쟁을 겪지 않은 세대라 안도하고 감사할 수 있다. 이런저런 공상을 자주 피워 내는 사람이라서 그럴지도 모른다. 역사 속 인물을 다룬 작품을 보면 특히 더 그랬다.

어느 날은 뮤지컬 〈엘리자벳〉을 보고 갑자기 슬퍼지는 것이었다. 1막에서 엘리자벳 역을 맡은 배우가 혼신을 다해 〈나는 나만의 것〉을 노래할 때 괜히 마음이 시렸다. 그건 내가 가장 좋아하는 뮤지컬 음악이기도 했다. 그날따라 유난히 가사가 귀에 박혔다.

새장 속에 새처럼 갇혀 있는 삶이 싫다고, 위험해도 말을 타고 들판을 달리고 싶다고, 인형 같은 삶이 싫어 자유를 원한다고, 내 인생의 주인은 나라고 호소하는 곡이었다. 진짜 엘리자벳이 살아 돌아와 울면서 노래하는 것 같았다. 자신이 원하는 대로 살지 못한 채 죽음마저 비극적이던 그녀가 불쌍해서 슬퍼졌다.

"삶을 주체적으로 살 수 없었던 엘리자벳이라니! 너

무 가엾고 불쌍하지 않니?"

친구는 나를 이상하게 쳐다보았다. 공연 잘 보고 나와서 웬 헛소리를 하나 싶은 표정이었다. 우리는 종종 뮤지컬을 함께 보는데 내가 주인공에게 감정 이입을 한 건 처음이었으니 그럴 만도 했다. 나는 정말이지 진심이어서 집에 가는 길에도 호들갑을 멈출 수 없었.

보고 싶은 뮤지컬을 보고 먹고 싶은 메뉴를 마음껏 고르는 우리는 참 행복하다. 갑자기 세상이 달리 보이는 기분이라니.

"왜 저래 진짜"

친구는 절레절레 고개를 저었다. 그렇지만 나는 그칠 수가 없었다. 다음 날에도 친구에게 메시지를 보냈다. 카페에서 커피 한 잔을 마시는 사진과 함께.

"원할 때는 언제든지 카페에서 커피 한 잔을 즐길 수 있는 여유, 너무 감사하다~"

"읽고 싶은 책을 읽고 필사하는 이 기쁨! 너무 행복하다!"

"건강하게 살아 있다니, 정말 감사한 일이야~"

친구는 한숨을 쉬는 이모티콘으로 답장을 대신했다. 장난처럼 보낸 메시지였지만 감지덕지한 마음은 사실 진심이었다. 솔직히 말하면, 꼭 〈엘리자벳〉으로 상기하지 않아도 감사하는 날은 차고 넘친다. 내 인생에 스스로 선택해서 얻은 것이 몇 개나 되는지를 떠올리면 그럴 수밖에 없다. 혹자는 인생이 선택의 연속이며 자신이 한 선택으로 모든 게 결정된다고 말하지만, 나는 그 말을 딱 절반만 믿는다. 나를 둘러싼 많은 것들이 이미 나의 선택과는 무관하게 이뤄졌기 때문이다.

내 인생을 내가 어디까지 통제하고 결정할 수 있는지를 가끔 헤아려 본다. 오늘의 점심 메뉴, 이번 달에 읽을 책, 내일 입을 발레복을 고르는 정도가 아닐까. 그마저도 어떤 날은 마음 같지 않아서 실패해 버리고 만다. 종교가 없음에도 모든 건 하늘의 뜻이라는 말을 꽤 믿는 편이다. 이런 믿음이 좋은 건지 나쁜 건지 나는 알 수 없지만, 그 덕분에 감지덕지하는 날이 많아진 건 사실이다.

힘은 얼마나 빼야 적당한가요?

발레를 시작하고 5개월쯤 지났을 때 극심한 통증이 찾아왔다. 오른쪽 팔을 아예 들어 올릴 수가 없었다. 수업이 끝나면 간혹 어깨가 무거웠지만 그냥 넘겼었다. 통증도 차곡차곡 계단식으로 쌓이는 건지 한순간에 팔을 쓰지 못하게 됐다. 난생처음 재밌는 운동을 찾았다고 기뻐한 것이 무색하게 곧장 통증 앞에 가로막힌 것이다. 한 달을 통째로 쉬면서 꾸준히 도수치료를 받았다. 오랜만에 학원에 복귀했던 날 선생님이 말했다.

"지현 씨, 이렇게 하니까 어깨가 아프지! 어깨 내리고 힘 빼요!"

 덧붙여 일러 주었다. 진짜로 쓰여야 할 근육에 힘이 부족해서 어깨 근육에 힘이 들어가는 것이라고 했다. 근육은 하루아침에 생기지 않다 보니 나는 고질적으로 어깨를 잘 못 쓴다. 그 때문에 지금까지도 어깨 내리고 힘 빼라는 지적을 꾸준히 받고 있다.

 운동을 해 본 사람이라면 힘을 뺀다는 게 얼마나 중요한지 충분히 알고도 남는다. 그민큼 의지대로 안 되고 어렵다는 사실 또한 알 것이다. 종목과 관계없이 '힘

빼기'가 모든 운동에서 핵심이 아닐까 싶을 정도다. 사방에서 하나같이 힘 빼라는 말을 주구장창 하기 때문이다. 골프를 처음 배울 때 선생님은 허구한 날 "회원님 힘을 빼세요"라 말했고, 테니스를 칠 때도 "팔에 너무 힘이 들어가요. 힘 빼요."란 소리를 들었다.

가뜩이나 힘이 없어서 서러운 사람한테 힘을 빼라니. 이것 보세요. 제가 얼마나 힘이 없는 줄은 알고나 하는 소리세요? 저는 10대 사촌 동생한테도 팔씨름을 지는 여자라고요. 하마터면 따지고 들 뻔한 적도 있었다.

골프, 테니스가 아니어도 힘 빼기가 중요한 건 매한가지다. 수영은 몸에 힘을 빼야 물에 둥둥 뜰 수 있고 복싱에서는 힘을 빼야 펀치 속도가 올라간댔다. 운동 시작 전에 스트레칭으로 몸을 푸는 이유도 '힘 빼기'를 제대로 하기 위함이다. 하기야 그걸 모르는 사람은 없을 것이다. 너도나도 힘만 빼면 안 맞을 공도 잘 맞고, 어깨가 아플 일도 없다는 걸 잘 알고 있다. 머리로는 이해했어도 몸을 쓰지 못해서 문제다.

힘을 뺀답시고 진짜로 다 빼 버리면 안 되기 때문이다. 아슬아슬하게 외줄을 타면서 중심을 잃지 않는 장

인처럼 적정선을 찾아야 한다. 이를 악물고 잔뜩 힘을 준 상태와 무장 해제되어 축 늘어져 버린 상태, 극과 극 사이 어디쯤에서 중간을 찾는 일은 사실상 고수의 영역이다.

  비단 발레에만 통하는 법칙은 아니다. 살면서 마주하는 많은 일이 비슷했다. 나는 사람들 앞에서 발표를 하고 피아노 연주회에 참가하면서 절실히 깨우쳤다. 잘하고 싶은 욕심이 넘치면 외려 더 망하기 쉽다는 사실을 말이다. 너무 힘을 주면 될 것도 안 된다는 걸 종종 겪었다. 반대로 힘주지 않고 시도한 것이 좋은 결과를 가져오는 경우도 봤다. 어느 작곡가가 몇 년에 걸쳐 만들어 낸 노래가 망하고 10분 만에 쓴 곡으로 대박을 터뜨리는 것처럼. 과학적으로 인과 관계를 따져 가며 설명할 길은 없지만, 아무리 봐도 인생은 그렇게 흐르는 것 같다.

이러려고 갖는 게
취미잖아요? 맞죠?

취미를 즐기다 보면 필연적으로 알게 되는 진실이 하나 있다. "결국 답은 연습에 있다." 아마 많이 들어 봤을 것이다. 한 번이라도 취미를 가져 봤다면 고개를 끄덕일 수밖에 없다. 꼭 취미 생활이 아니어도 이미 우리는 배운 적이 있는 진리다. 철저한 예습과 복습은 성적 향상에 매우 중요하다. 학창 시절에도 이런 말을 숱하게 들었다. 선생님이 훌륭하게 가르쳐도 스스로 습득하는 과정이 없다면 효율이 나지 않기 때문이다. 발레를 꾸준히 배우면서 몸소 참된 이치를 체득했다.

선생님의 시범이 넋을 놓게 아름다워도, 선생님의 설명이 귀에 쏙쏙 박혀도 그 자체로는 별 도움이 되지 않는다. 내가 직접 하지 않는다면.

발레를 시작하기 전에도 이미 삶의 곳곳에서 깨달았던 사실이다. 일타 강사의 수업을 듣고 갑자기 성적이 오르는 일은 없었고, 자기 계발서를 읽었다고 해서 인생이 하루아침에 달라지지도 않았다. 다른 취미인 피아노를 배우면서도 나는 알 수 있었다. 설령 조성진 피아니스트가 가르쳐 준대도 갑작스레 피아노 신동이 될 수는 없다. 피아노 앞에 앉아 연마하는 시간이 없다면, 직접 손으로 건반을 누르지 않고서는 결코 해낼 수 없다. 주체적으로 움직이지 않으면 아무리 쉬운 곡이라도 절대 연주할 수가 없는 것이다.

　오늘 발레 수업에서는 선생님을 통해 한 번 더 그 진리를 새길 수 있었다. 선생님은 엉망진창인 우리를 그냥 넘기지 못해서 중간에 멈추기 일쑤다. 그 때문에 매번 목표했던 진도를 못 나가면서도 도저히 못 참겠다는 표정을 하곤 했다. 잠시 숨을 고르더니 최선을 다해 있는 예시 없는 예시를 다 끌어모아 쏙쏙 이해하기 쉽게 설명해 주었다. 스승의 열정을 눈앞에서 지켜보는 제자의 마음은 참담하다. 미천한 능력이라 열과 성을 다하는 선생님을 필연적으로 실망시킬 수밖에 없어서다. 나의 마음을 읽었는지 곧장 이런 말을 덧붙였다.

　"설명이 이해는 되나요? 그럼 됐어요. 몸은 어차피 연습이야."

　선생님을 통해 내가 믿고 있던 진실을 한 번 더 확신한 순간이다. 역시나 연습 또 연습에 답이 있었다. 설명을 찰떡같이 알아들었다 한들 거기서 끝이 아니었다.

몸으로 구현하는 건 완전히 다른 문제다. 더구나 한 번에 되지 않으니 꾸준한 연습이 필요하댔다.

연습을 얼마나 해야 하냐는 질문의 답은 너무 쉽다. 그건, 바로 될 때까지! 이 단순하고도 쉬워 보이는 원리가 나의 발목을 잡는다. 어쩔 수 없는 나의 성향 때문이다. 날강도 심보가 있어선지 자고 일어나면 저절로 잘하는 사람이 되고 싶다. 솔직한 심정으로는 연습을 대충 해도 실력이 확확 늘었으면 좋겠다. 안 되는 걸 붙들고 노력하는 일은 고통스럽기 때문이다.

참 다행인 것은 취미로 발레를 즐긴다는 점이다. 거듭된 실패에도 아랑곳하지 않고 꾸준히 해 나갈 수 있기 때문이다. 연습은 하기 싫고 저절로 잘해지고 싶은 욕심으로는 별 탈이 나지 않아서다.

무대에 서는 발레리나가 아니기에 완벽하게 춤추지 않아도 상관없다. 연습을 조금 덜 해도 큰일이 나지 않는다. 그럭저럭하면서 6년 차 취미 발레인이 될 수 있었던 비결이 바로 거기에 있다. 너무 하기 싫으면 안 해도 괜찮은 딱 그 정도의 가벼운 압박감이 오히려 원동력이다.

다만, 아름답게 춤추는 기쁨을 포기하고 다른 쪽에서 즐거움을 찾을 필요는 있다. 이를테면 예쁜 발레복 원 없이 입기, 어쩌다 한 번 점프를 높이 뛰었을 때의 만족감 같은 다소 하찮은 구실이면 된다. 발레로 대회 나갈 것도 아닌데, 이만하면 된 거잖아요. 이러려고 갖는 게 취미잖아요? 맞죠?

배가 나온 날은
동작이 더 안 돼요

수업에 가기 전 밥을 먹을 것인가 말 것인가, 먹는다면 언제쯤에 얼마큼 먹고 갈 것인가. 이 사안이 얼마나 중대한지 발레를 해 본 사람이면 알 수 있다. 어느 날 탈의실에 도란도란 앉아 서로의 저녁 루틴에 관해 이야기를 나눴다. 수업을 기다리며 저녁은 먹고 왔냐는 인사를 나누다가 시작된 대화였다. 빈속으로 왔다는 수강생에게 순간 시선이 몰렸다. 오늘은 칼퇴를 못했어요? 아무것도 못 먹으면 어떡해요. 잠깐의 걱정이 무색하게도 그녀는 단호하게 말했다.

수업 전에 배를 채우면 토할 것 같아서 일부러 빈속을 유지한댔다. 이전에 한 번 밥을 먹고 왔다가 수업 중간에 집에 갈 뻔했다고 말했다.

그녀와는 정확히 반대로 나는 배가 고프면 쓰러질 것 같아서 힘들다. 출퇴근하던 시절에는 6시 땡하고 길을 나서도 학원에 도착하면 수업 시작 30분 전이었다. 밥을 먹고 소화하기엔 부족한 시간이라 공복으로 수업에 들어간 적이 있다.

초반에는 몸이 가뿐하다고 느꼈는데 뒤로 갈수록 어질어질하면서 꼭 쓰러질 것만 같았다. 그날 이후로 무슨 일이 있어도 빈속으로 발레 수업을 가지 않는다. 퇴근하면 회사 근처에서 밥을 먹고 출발하거나 그러지 못한 날에는 학원 앞 편의점에서 군고구마라도 사 먹었다.

편의점 창가에 서서 고구마를 먹으며 건너편에 있는 학원 건물을 바라보면 "아주 발레리나 납셨다 납셨어." 이런 소리가 절로 나온다. 발레로 콩쿨 나갈 것도 아닌데 이렇게까지 하는 게 조금 우습기도 했다.

더 이상 회사에 갈 일이 없는 지금은 수업 2시간 전에 가벼운 반찬으로 상을 차린다. 식사 시간이 30분만 늦어져도 속이 더부룩하고, 시간을 맞추더라도 허겁지겁 과식하는 날에는 몸이 확실히 무겁다. 그 결과는 고스란히 자태에도 드러난다.

좀 많이 먹었다 싶은 날은 발레복 사이로 울퉁불퉁 배가 삐져나와 신경이 쓰인다. 배가 볼록 나오면 선생님과 수강생을 향해 선전포고를 하고 싶어진다. 그러니까 저어, 그게, 오늘 제 배가 좀 많이 나왔죠? 원래는 이 정도까지는 아닌데… 이거 밥을 너무 많이 먹고 와서 그런 거거든요. 내 배가 나왔건 말건 아무도 관심이 없겠지만 지레 먼저 고백하고 싶은 건 그냥 내가 이런 사람이라서다.

괜스레 먼저 설치고 싶다. 그러면 수업하는 동안 덜 신경 쓰일 것 같기 때문이다. 그러지 못하고 시작한 수업에서는 내내 거울에 비친 나에게 눈길이 간다. 배가 좀 나왔다고 평소보다 더욱 못하는 내가 보인다. 알맞은 식사량이 얼마나 중요한지 몸소 겪게 된다.

식사 루틴이 깨졌을 때의 문제점을 찬찬히 살펴본다. 볼록 나온 배가 심미적 문제라면 갑자기 옆구리가 아프다거나 매트 운동을 할 때 토할 것 같은 느낌은 신체적 문제다. 소화가 덜 된 채로 여러 동작을 구사하다 보면 수업 중에 우억! 소리를 내며 놀랄 수 있는 것이다.

사소해 보일지 몰라도 의외로 중요한 저녁 루틴은 하루의 경험으로 결정되지 않았다. 꾸준히 발레 수업을 다니며 이렇게 저렇게 해보면서 적당한 지점을 찾게 되었다. 타인의 몸을 빌려서는 알 수 없기에 남이 알려 줄 수도 없다. 여러 번의 시도를 통해 내가 직접 겪어야만 알 수 있는 사실이었다. 발레 학원에 다니면서 동작을 배우는 것은 물론이고 내 몸에 관해서도 조금씩 알게 되었다. 그런 시간을 켜켜이 쌓고 있다.

비가 퍼붓는 날에도
발레를 가는 마음

오늘은 하늘에 구멍이 뚫렸나 싶게 종일 비를 퍼부었다. 낮부터 쏟아지는 통에 걱정이 앞섰다. 8시 수업 시작 전까지 그칠 기미가 보이지 않아서다. 집에서 빗소리를 들을 때는 날씨 따위 남일이지만 그 비를 뚫고 나가야 할 때는 온갖 걱정이 몰려든다. 무엇보다 그냥 나가기가 싫다. 이런 내 마음은 모른 채 야속하게도 비바람은 더 거세졌다. 이번 달은 무결석을 목표로 잡았는데, 굳은 다짐이 무색하게 깊은 고민에 빠졌다. 그냥 오늘은 안 가는 게 어떨까. 이렇게 비가 쏟아지는데 하루쯤 안 가도 괜찮을 것 같았다.

성인이 돼서 배우는 취미는 대체로 다 그렇다. 내가 가지 않더라도 놀랍게도 아무 일이 일어나지 않는다. 엄마한테 혼나는 일도 없고 선생님한테 혼나지도 않는다. 티끌만 한 양심의 가책과 손해 비용만 감당할 수 있다면 빠질 만큼 빠져도 된다.

수업 시작이 가까워질수록 창문을 열고 닫으며 거듭 고민했다. 그러다 무슨 바람이 불었는지 정신이 번쩍 들었고 앵무새처럼 가기 싫다고 되뇌면서도 주섬주섬 발레복을 챙겨 입었다. 이런 날씨에는 꽁꽁 싸매도 다

젖을 게 분명해서 문 앞에 버리려고 내놓았던 원피스를 발레복 위에 덧입었다. 텀블러에 얼음 세 개를 탁탁 넣고 천슈즈와 짐을 꾸려 학원으로 향했다.

나는 이럴 때 나에게 상을 줘도 모자란다는 뿌듯함을 느낀다. 궂은 날씨를 이겨내고 수업에 가는 일이 나로서는 좀처럼 없기 때문이다. 그리고 이런 우쭐함은 남들이 보란 듯이 실패했을 때 더 커지기 마련이다. 오늘은 많이들 안 왔겠지? 어깨에 힘이 들어갈 만큼 벅찬 기분으로 학원에 도착했을 때 나는 영화 속 반전 결말을 마주한 사람처럼 놀랐다. 문 앞에는 형형색색의 우산이 쫙 깔려 있었다. 비가 그냥 오는 것도 아니고 퍼붓는 수준인데 발레를 하겠다고 모인 사람들은 대체 다 뭐지.

놀랍게도 결석률은 평소의 수업과 별반 차이가 없었다. 혹시 날씨에 영향을 받는 사람이 나 말고는 아무도 없는 것일까. 수업을 듣는 내내 나는 조금 헛웃음이 났다. 김칫국을 마시다 들킨 사람처럼 부끄러웠다. 오늘처럼 곳곳에 심어진 열정을 볼 때면 놀랍기 그지없다. 장대비가 쏟아져도 취미를 거르지 않는 사람들을 보고 놀라지 않을 재간이 없다. 왠지 그들과 내가 보이지 않는 끈으로 연결된 것 같았다. 그건 동질감일 수도 연대감일 수도 있다.

  수업이 끝난 후 친구 소영에게 나의 대단함을 자랑하며 말했다. 나만큼 아니 어쩌면 나보다 훨씬 열정적인 사람들이 얼마나 많았는지를. 그랬더니 열정에는 긍정적 전염성이 있는 것 같다고 말해주었다. 나는 그 말이 괜히 좋았다. 빽빽하게 줄지어진 우산을 보면서 오늘 학원에 오길 정말 잘했다고 생각했기 때문이다. 앞으로도 이들의 열정에 지지 않고 열심히 나와야겠다고 생각했기 때문이다.

나의 발레 일지

초판 1쇄 펴낸날 2025년 06월 07일

지은이 이지현
펴낸곳 Book Around
디자인 이지현
표지 디자인 김파카
로고 디자인 이지현
교정교열 윤기란

© 이지현
전자우편 laalalaa.jh@gmail.com
인스타그램 @laalalaa.jh

ISBN 979-11-984263-1-4 (03810)
KOMCA 승인필

잘못 만들어진 책은 바꾸어 드립니다.

이 책은 저작권법에 따라 보호를 받는 저작물이므로
무단 전재와 무단 복제를 금합니다.